台港澳三地文化隨筆

喧鬧的島嶼

袁紹珊

MACAU

HONG KONG

TAIWAN

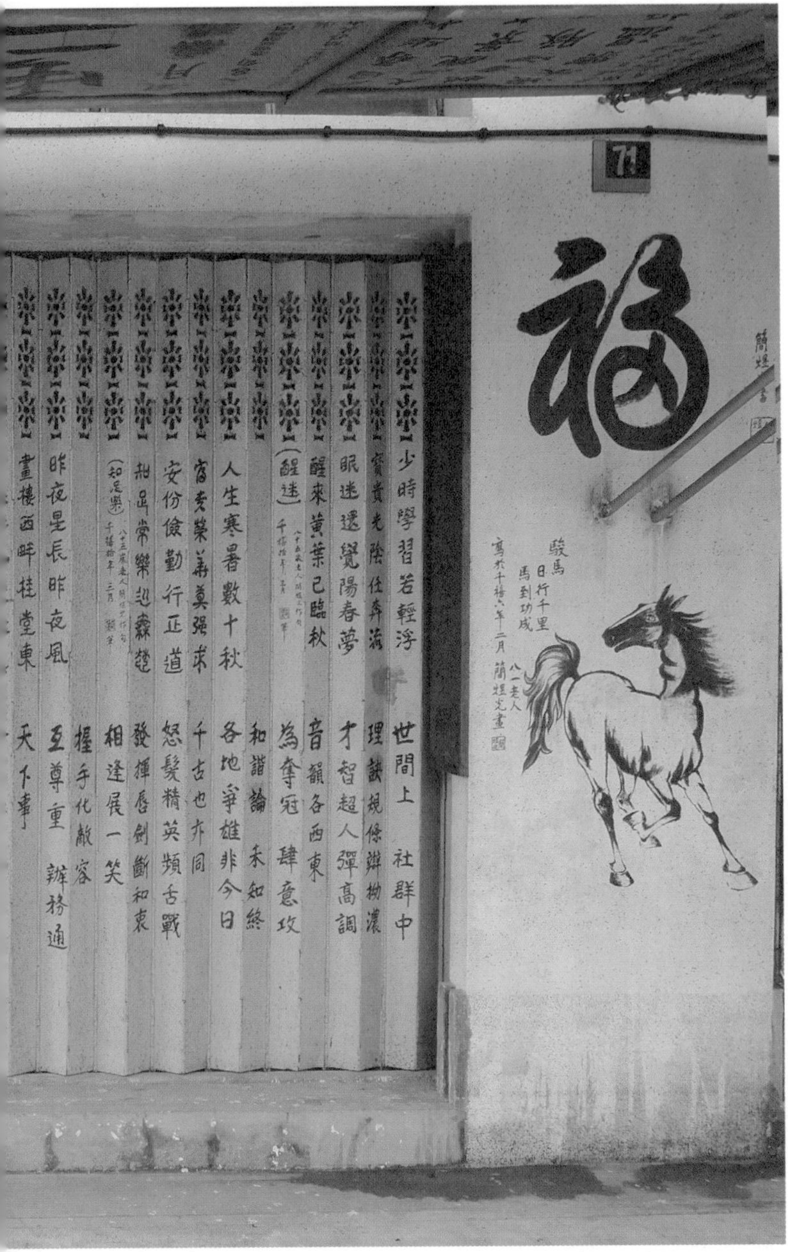
福
少時學習若輕浮 世間上 社群中
富貴光陰任奔流 理訟規條辨物濃
眠迷還覺陽春夢 才智超人彈高調
醒來黃葉已臨秋 音韻各西東
(醒迷)
為奪冠 肆意攻
和諧論 未知終
人生寒暑數十秋 各地爭雄非今日
千古也亦同
安份儉勤行正道 怒髮精英頻舌戰
發揮唇劍斷和衷
(知足樂)
相逢展一笑
握手化敵容
昨夜星辰昨夜風 至尊重 辦務通
畫樓西畔桂堂東 天下事
駿馬
日行千里
馬到功成

香港一隅

左：台北龍山寺
右：澳門常見的葡式碎石路

W
W

台北一隅

左：二十年前的澳門路氹連貫公路兩旁（今日之金光大道）
右：花蓮與太平洋

香港長洲

霞女
霞妹
孖生姊妹
孖生姊妹
孖生姊妹
孖生姊妹

MARRY
ME

左：葡萄牙里斯本街道
右：澳門戀愛巷與大三巴牌坊

香港大澳

大陸一隅，西安街頭

目次

輯二　這一代與下一代

輯三　永續之城

永續・發展

土地・都市

消費・娛樂

輯四　無用之用

獨立．突圍

輯一
例外狀態

後花園與小確幸

趁著復活節四天假期，二話不說買了機票從澳門飛往台北。難得四月的周末如此晴朗清涼，獨個兒跑去號稱「台北後花園」的貓空逛逛。

遊人不多，像我這樣孤零零閒逛的人更少，但我不寂寞。無論在捷運、纜車廂，還是坐下來品茗用餐，身邊都是熟悉的粵語。

是啊，打開臉書，許多港澳朋友都不約而同跑到台灣來了，他們最愛拍照上傳的除了台灣的炸雞排、牛肉麵，就是寫在柏油路上那個巨大的「慢」字。

台灣這幾年儼如港澳人的後花園。台灣遊的熱潮從未如此高漲，二○○三年港澳旅客訪台人次更首度破百萬，占總旅客人數的七分之一，是陸客人數的一半。買廉價機票飛到台灣度周末，嚷著要移民台灣的港澳青年越來越多，他們朝思暮想台式美食和文藝小清新，希望賺夠了錢到花蓮開民宿在台北開咖啡店，尋找所謂的自由與安慰。所以當台灣要將港澳人士的移民門檻提高至一千萬元新台幣時，不少人紛紛盤算著要趕尾班車，但美妙夢境卻不禁被台灣的低薪現實戳破。

除了休閒享樂意義上的度假勝地，台灣也曾經是中國文學乃至中華文化的後花園。上世紀八〇年代末，作家董橋就提出過「台北後花園論」。他曾在〈給後花園點燈〉一文斷言：「台北是中國文學的後花園。」他心中的「後花園」不是貓空式的都市人周末休閒，不是拉斯維加斯式的娛樂消遣，他的「台北後花園」栽種的都是文化鄉愁的花卉樹苗——「……經濟、科技的大堂固然是中國人必須努力建造的聖殿，可是，在這座大堂的後面，還應該經營出一處後花園：讓臺靜農先生抽菸、喝酒、寫字、著述、聊天的後花園。」

八、九〇年代的澳門也曾經是港台旅客的後花園，一個充滿霓虹燈的荒廢遊樂園。偶爾到充滿歐洲風的小島玩耍一下是美好的，但日復日活在這樣一個「後花園」的日子無聊難過。九七前後是港澳人移居台灣的高峰，大量港澳僑生負笈台灣，離鄉背井到富裕的台灣討生活，我的兄長、姨丈也在台北念書工作了好幾年。那時候大家都抱怨台灣物價昂貴，連買一包零食一杯珍珠奶茶也要思前想後仔細計量，現在倒是驚訝於一個台灣燒餅的價格和十年前相差無幾。

從貓空山區回到台北盆地，約了幾個台灣朋友吃飯，我問他們到處都是吱吱喳喳如鳥鳴的粵語，遊客穿梭你們的巷弄如魚得水，對東區或温州街的小店如數家珍，會否覺得平靜的生活被打擾？説穿了，港澳地區旅遊承載力問題近年討論得沸沸揚揚，許多港澳人去台灣的一大目的，就是為了避開假日大陸自由行旅客的人潮。

「不會啊。你們又不是陸客。」

觀光產業從來都是雙刃劍，一方面挑動著與旅遊承載力相關的排外情緒，同時輸出本土文化賺著世界的錢。旅客來這個「後花園」，為的不一定是董橋式的文化之旅，然而吃喝拉撒之餘，他們已把這裡的捷運讓座文化看在眼底，把計程車司機關注時政的熱情記在心裡，那是台灣這個「後花園」作為蘭芷之室的一大功德。

然而沒有一個地方甘心永遠裹足不前，永遠成為別人風光背後的靜默花園，沒有活水活泉，關起門過日子，漸漸失去作為國際都會應有的視野、自信和氣度。個人可以選擇活得「微小而確實」，但如果一國一地只顧終日沉醉在「小確幸」的日子，再美好的後花園，也只會漸成讓本地人紛紛出走的鮑魚之肆了。

二〇一四年五月十五日

白色馬卡龍

台灣報章雜誌的廣告，常常推介「馬卡龍色彩之旅」——小巧繽紛、歐陸情調、如同「少女的酥胸」——講的原來是充滿七彩葡式建築的澳門。

五月的台灣，還在默默下著賞心悦目的油桐花「五月雪」；五月的澳門，也一下子換上了讓兩岸三地驚訝的白色。兩萬名身穿白衣的民眾走上街頭抗議，要求撤回豁免澳門特首刑責及給予離任高官豐厚補償的法案。兩萬人聽起來很少，但澳門總人口才不過六十萬，按這個比例來算，比台灣反服貿的示威人數還要多；這也是自一九八九年天安門事件以來，澳門最大規模的民眾示威遊行。

法案終於被宣佈撤回的那天，我不在澳門，朋友説無論走到菜市場、郵局甚至健身房，都洋溢著一股全民勝利的喜悦。這次民眾抗爭，沒有精神領袖但訴求明確，成功在互聯網上號召串連，以深入淺出、不失幽默的分析，辯駁了一唱一和的議員論調，衝擊本土社團偽造民意假象的慣性手段，突破主流媒體的官樣輿論。要求撤案的遊行人士，大多是學生、教師、白領、公務員，他們多年來或冷眼旁觀台灣的倒扁紅衣及香港的反國教黑衣，或偶爾置換臉書頭像顏色以表支持；但這次，澳門人決定披掛上陣。

被亮麗ＧＤＰ和現金分享的糖衣包裹下，夾心市民既無力改變社會的權力結構，亦被飆升的樓價及通貨膨脹壓得動彈不得。長期以來，澳門維穩力量強大，社團勢力取代政黨政治，民眾普遍獨善其身，缺乏具延續性的社運傳統和成熟的公民參與機制。正如多少年逆來順受的長輩們常說，現在的澳門已比葡國人管制時代好多了，有甚麼好抱怨的？

後殖民論述大師愛德華・薩依德曾在《文化與抵抗》的訪談錄中，談及文化在抵抗運動中扮演的角色，他指出，「凡是政治認同受到威脅的地方，文化都是一種抵抗滅絕和被抹拭的方法」，文化論述因而「具有分析的力量，可以超越陳腔濫調，可以戳破官方赤裸裸的謊言，可以質疑權威，可以尋找替代方案。這些全都是文化抵抗的軍火庫的一部份。」

澳門是一個移民城市，相對於為求温飽、在殖民地忍氣吞聲、甚至選擇遺忘屈辱的上一代人，接受過高等教育的中產階級或年輕一代，接觸到更多兩岸乃至全球的公共議題，掌握更强的思辨能力及更多元的資訊，善於利用網路表達訴求，在尋求生活品質和身分認同的同時，不忘程序正義及社會公義。

在回歸後的現實環境下，澳門人也許沒有勇氣大膽設想自己的烏托邦，也無法因為一次公民運動，就由溫馴的「少女的酥胸」，一下子變成袒胸搞革命的自由女神，但他們也不甘心自己的經濟成果和城市資源被權貴蠶食。後殖民經驗及急速的城市發展讓他們明白，鞏固和維繫身分認同感的憑依，不能只靠塞滿政府庫房的博彩稅收，而是如薩依德所言，必須理性建構起公民社會文化抵抗的軍火庫；不然所謂的安穩幸福，不過是一握即碎的小甜點。

二〇一四年六月十二日

街頭不是唯一的談判桌

十月初，香港徹夜未眠，民眾在街頭試探社會權力的組成。網友在微博展開罵戰，臉書掀起刪除朋友的狂潮。凌晨四點，我這個澳門人仍在北京，和台灣及大陸友人激辯「占領中環」的策略對錯，捍衛各自的立場和觀點，甚至不惜傷了彼此的感情。

這一切，不只是為了香港，這座多年來高傲自負、卻與台灣澳門唇齒相依的城市，而是我們渴望香港能在「一國兩制」這個「政治實驗」中，替華人完成另一個未竟的民主實驗。兩岸四地的民眾，再也不能剝花生看戲。

「占中」的政治大辯論長達一年多，最後民眾在「十一黃金周」前後走上金鐘、旺角等多個鬧區，在街頭忍受警方的催淚彈和胡椒噴霧，以及各方勢力人士的暴力挑釁。這邊廂，反占中者抱怨交通不便、學生不能上學、樓市股市商鋪生意受影響；那邊廂，占中者處處展現和平理性克制，用近乎以卵擊石的行徑，顛覆了香港人賺錢至上的刻板形象。

很長一段時間，澳門人眼中的台灣人形象，除了愛拚，就是轟鬧的民粹和躁動的媒體。許多人「聽說」台灣的「深藍」與「深綠」敵我分明，「風聞」朋友夫妻父子輕易因政治立場不同而反目，「以為」示威遊行在這裡是家常便飯。不要和台灣人談論政治的忠告，就像到泰國不要亂摸小孩的頭，在旅人間口耳相傳。

歷史經驗告訴我們，權力絕非唾手可得，社會進步和民主發展，是當權者與人民反覆討價還價的結果，是努力尋求中間點的漫長博弈。如果把街頭變成唯一的談判桌，把身體當作唯一的籌碼，把示威遊行絕食看成解決爭議的「萬靈丹」，長遠只會使尋求共識的過程舉步維艱，雙方對暴力的施展更有恃無恐，讓民主實踐變成空中樓閣。這樣的話，要不就如同香港「賭神」電影中的經典橋段，隨時在預設的老千局裡，因不斷的all in，徹底輸光得來不易的民主基礎；要不就像台灣的街頭上癮症，把對政府的不信任，演變成情緒化的全面抵抗。

談論公民不合作，許多人提及印度聖雄甘地。甘地在爭取印度獨立的過程中，展示了話語權、知情權、消費自主權等，都是可以深刻左右政府的力量。他號召印人不任官職，不接受英國人教育，不存錢入英人銀行，不繳納稅款，抵制英貨，全面癱瘓英國殖民地政府的運作，讓社會搞清官民的莊閒角色。與此同時，他鼓勵民眾入讀印人自辦的學校，轉存存款入印人自辦的銀行，改用印人自製的鹽和物品，為印度經濟獨立殺出一條血路。

爭取民主自由，不只是三兩天的熱血街頭，而是把累積的群眾力量帶到談判桌上。當人民願意為了共同的理念，從烏合之眾變成目標明確的狙擊隊，有策略地奪回生活上的各種權利，並願意接受可能的代價和犧牲，才能讓當權者對一意孤行的政治豪賭害怕警惕。以靈活變通著稱的香港人，你懂的。

二〇一四年十月十六日

足球與戀殖

「你們宗主國今晚對德國，快看！」

台灣朋友一句玩笑話，把我的記憶快速倒帶，回到八年前的世界盃。那是二〇〇六年夏天，葡萄牙隊對德國隊季軍戰的晚上，我還在北京念大學。五道口的酒吧擠滿了人，我們這群支持葡國隊的澳門人大聲說著粵語，不怕被在場大量支持德國隊的大陸同胞扣上「迷戀殖民地宗主國」的帽子。當時澳門回歸還不到六年。

那夜跟我一起看球的學長們都是「偽球迷」。他們有些持葡國護照，甚至以外國留學生（而非港澳台學生身分）輕易考上名牌大學，平日卻對葡萄牙的一切漠不關心。當年中國隊無緣世界盃，葡國隊卻以黑馬姿態殺入四强，也許是想湊熱鬧、喜歡帥氣的C羅、想突出自己有不一樣的身世，反正許多澳門人一夜間變成了葡國隊的球迷。

學長們叮囑我們畢業前學點葡語，方便日後回澳門找工作。同樣是「黃金小語種」，大陸教的更多是巴西葡語，澳門卻奉歐洲葡語為正統，澳門媒體有時候甚至把被採訪者的巴西葡語翻譯成歐洲葡語字幕。我在澳門的葡語老師也三五不時拿巴西人的口音開玩笑：「我們葡人講葡萄牙語以莊嚴感為傲，不似巴西人的語調總是那麼輕佻。」

巴西人面對宗主國的輕蔑，沒有產生文化上的自卑感，反而在國際舞台上刻意把巴西葡語自成一體，追溯文化中與黑人、印第安人及阿拉伯人移民的淵源。相反，澳門在回歸後為吸引旅客，不斷强化城市的南歐元素，大量增設葡式廣場、碎石路、水池和街燈；在研究領域，更是銳意發掘葡澳和諧共處的佐證，卻甚少正視澳門特有的土生葡語面臨消亡的困境。

澳門、巴西和葡萄牙位處三個不同的大洲，卻因殖民擴張坐上同一條船。二戰期間澳門免受日軍入侵，除了因為葡萄牙是中立國，更重要是葡萄牙政府手上有大量在巴西的日本僑民作談判籌碼。講葡語的三地縱有千絲萬縷的關係，但葡人差勁的管治能力，讓澳門人和巴西人不像香港人那麼懷緬被殖民的日子，幾百年尚且無法形成「想像的共同體」，更何況四年一度、勝者為皇的世界盃。

每個「偽球迷」要選邊站，都有非常個人的理由，像球衣漂亮、球星帥氣，或因為去過哪裡留學、男女朋友是哪國人等等。足球不一定跟「戀殖」掛勾，但經歷過殖民的人們，對宗主國球隊往往有更複雜的態度。從巴西與澳門的例子可以看出，同一宗主國的各個殖民地情況無法一概而論，連一個殖民地內部也會有多元的聲音，就像台灣的崇日、反日與中立的情結並存，有些人就是喜歡日本職棒，有些人實在無法幫日本隊搖旗吶喊。

運動是人與人的場內競爭，場外卻往往摻入國仇家恨的民族情感，然而世界盃不只有「愛國」或「戀殖」的二項選擇，後殖民地的人們絕對有權當一個享受場事的中立歌迷。如同二〇〇六年的那個晚上，在北京街頭舉杯喝著青島啤酒、齊聲喊著「德國隊加油」的球迷，不見得是在緬懷百年前的殖民者，也許僅僅是因為人家球踢得好，酒喝得舒服而已。

二〇一四年六月二十六日

一百分鐘，在空中

澳門往台北，約需一百分鐘的飛行。機上行動受限，帶著遲緩的眼耳鼻舌身，思緒卻快轉如引擎渦輪。

從踏入澳門機場那刻開始，就可以看出它的一成不變，旅客經常在長椅上睡得不省人事，度日如年；但它有海天一色的飛行跑道，讓外人羨慕。

下了飛機，台灣的海關人員會跟我微笑問好，一邊檢查護照，一邊說澳門復活節、佛誕節、聖誕節都是假期好讓人羨慕。澳門用高效的通關系統，修補它的冷漠面容。

桃園機場終日在微整型，每次再見都換上新臉孔。服務櫃台那些形形式式的台灣旅遊資料，卻沒有一份特別有用。不亂取，因為台灣街上本來就缺垃圾桶。

桃園機場碰到熟人或明星的機率也高。有次我被保全人員擋在機場門口，他說拍謝今天拿著紙牌來為韓國天團 Super Junior 送機的瘋狂妹妹太多了。澳門機場也有許多舉牌的性感長腿美女，但她們迎接的不是大明星，而是賭場貴賓。

離開台灣，行李總在超重的邊緣。看著別人滿滿的伴手禮，託運數不清的芒果和鳳梨，自己就有了螞蟻搬家的力氣。那一百分鐘內的飛行餐點，不外乎雞肉飯或豬肉麵，但上飛機前肚子總是撐著的，因為只要身在寶島，何時何地都有吃的欲望、理由和條件。

我不敢笑那些把飛機餐盤裡所有刀叉湯匙帶走的「奧客」。我崇拜空服員一絲不苟的妝容，敬佩她們穿著短裙高跟鞋，在狹窄機艙走來走去的輕功。她們讓我想起當過空姐的台灣長輩，她講的飛行往事總讓我笑出眼淚。如今在天國的她，應該一切安好。

一百分鐘的密閉空間，可以上演移形換影的戲法。半世紀前的「澳門小姐號」黃金大劫案，是澳門的首次空難，也是全球首宗商用客機劫機案。時至今日，澳門航線上的「飛機老鼠」依然活躍，因為去澳門賭場的旅客大多身懷巨款。

一百分鐘的天空，也是中原逐鹿。兩岸直航開通後，澳門失去中轉機場的優勢，轉而努力開拓東南亞、日韓及大陸航線，空曠的停機坪出現越來越多私人、特別包機和貨運飛機，但澳台的機票沒有因此變得便宜。二〇一四年二月，《澳門與台灣間航空運輸協議》雖完成簽署，但碰上三月的服貿爭議，卡在立法院無法完成審批，兩地運力繼續受限，無法推進合作關係。

空中的一百分鐘，甚至不夠讓人看一部電影，聽一張專輯，仔細讀完一份報紙，卻也許可以想通一些人生道理。

以上種種皆輕如鴻毛，一旦和活著相比。

一百分鐘，都是計劃、期待、擔憂、幻想。半空中的我們，都處於生命的例外狀態，每一次雲霧間的顫抖，都在重新面對自己愛別離、求不得的塵世欲念，答應從此會善待他人和自己。

澳台之間不是相看儼然的愛戀，也不是此消彼長的對倒關係。澎湖空難不是聳人聽聞的地方新聞，而是近在咫尺的巨大不幸；與其旁觀他人痛苦，把有限的生命全都花在批評抱怨，倒不如發揮自身的能量，做更有建設性的事情。除了祈禱和痛心，我們只能努力減少人為悲劇的發生，以及讓半空中那一百分鐘的頓悟，在陸地有不斷延伸的可能。

二〇一四年七月三十一日

搖搖欲墜的巴別塔

電影《遠離非洲》開頭，白人女主角佇立在英屬東非的土地，心裡惦掛的，不過是千里而來的骨瓷是否完好。百年後的今天，暫住香港重慶大廈的非洲商人，盤算著如何把塞滿幾百支手機的行李箱，帶回伊波拉病毒肆虐的家鄉，再健康地重返遠東。

香港的重慶大廈，堪稱「全球化最佳例子」，以收容非洲商人、南亞勞工和各國避難者著名，又憑藉王家衛電影《重慶森林》名聲大噪。往昔的火災、兇殺、強姦，以及各種非法或色情勾當，都比不上裡頭一名非裔住客懷疑感染伊波拉病毒的消息，更讓港人惶恐。

被喻為「澳門版重慶大廈」的澳門國際中心，則充斥非法旅館、輸光的賭客和逾期逗留的非洲人，兇殺案和氣爆事件此起彼落，近年不少非洲旅客更以體內藏毒的方式，經澳門偷運毒品去大陸。這種「低端」的跨國流動，可謂全球化中祕而不宣的生命力。

如果把流動的歷史上溯至十七世紀，當時大量被葡萄牙強徵為士兵的非洲人暫居澳門，並成功保衛澳門免受荷蘭入侵。鄭氏父子其後自澳門招攬收編了一個黑人衛隊，這些「烏番兵」强悍的作戰能力，最終幫助鄭成功在荷蘭人手上奪回台灣。歷史的痕跡至今殘存，黑人士兵聚集的望廈山仍被老一輩稱為「黑鬼山」，就連旅客愛吃的澳門名菜「非洲雞」，也是澳門土生葡人把非洲烤雞配上東南亞香料創造的「混血菜」。

非洲人人離鄉賤地活在澳門或香港，也許是個人選擇；但非洲揮之不去的苦難，除了自身的不爭，還有他者的責任。説穿了，當代的全球化，往往只是把自家問題丟到遙遠陌生人的家門；正當跨國資本無遠弗屆，疾病也利用這個壓縮的時空，迅速傳播到不同地域。這次西非伊波拉疫病的大規模爆發，除了迷信和公共衛生系統薄弱，很大程度還基於對西方的不信任。歐洲列强在非洲插旗般殖民和奪取資源以後，遺下貧窮、疾病和飢餓，讓當地的激進部族或獨裁軍政府收拾殘局。

東亞各國向非洲伸出「援手」之時，不忘把它開闢成新的外交戰場。非洲擁有十二億人口和豐富資源，五十三個國家占聯合國總數的四分之一，箇中利害，台灣人自然能理解。大陸長期在非洲深耕其政經影響力，連回歸後的澳門，也被中央政府指定為中國與葡語國家的經貿合作平台，服務對象就是莫桑比克這些非洲的葡語國家。然而東亞社會普遍以西方現代化工業馬首是瞻，「非援」

獨見大財團得益的硬件設施和資源開發，少見建設性的民生改善。

「在非洲的恩貢山腳下，我曾經有一個農場。」《遠離非洲》的女主角，如此開展對非洲的美好想念。跨國企業和政客，只記取把非洲納入地球村的「功德」；漂泊的非洲商人，也許忘不了香港重慶大樓的衆聲喧鬧，以及澳門黑鬼山下的葡語鄉愁；但命如蜉蝣的非洲人民，面對的可能是一塊不斷被全球化無聲瓜分的處女地，或一座搖搖欲墜、互不理解的巴別塔。

二〇一四年八月二十八日

軍事化的嘉年華

澳洲留學回來的表妹問我，周末要不要參加最近特別流行的「軍訓式體能訓練營」（Boot camp）。我說不明白為何要花錢請人虐待自己，但還是按捺不住好奇心去了。

訓練那天烈日當空，參與者都是葡國人、歐美人士或海歸華裔。聽指令跑圈、做深蹲、翻輪胎、俯臥撐……我的手掌和膝蓋被公園的水泥地磨破了，還得咬牙堅持下去，滿腦子只有「東亞病夫」四個字像跑馬燈一樣轉個不停。運動稍稍沾了一點軍事的邊，竟變得關乎民族顏面。

澳門沒有兵役，但除了回歸後增設解放軍軍營，還有徒具歷史意義的望廈山及加思欄兵營。一九六六年，澳門發生「一二三事件」，警民嚴重衝突，葡人紛紛躲入兵營，經過一輪政治角力，事後國民黨勢力被逼全面撤出澳門，在大陸左派的影響下，澳葡政府開始無為而治，連邊境也不太設防了。直至一九七四年，葡國發生「康乃馨革命」，駐澳軍人全都奉召回國，軍人自此消失於澳門民眾的視域。

在這往昔兵家必爭之地，我和同輩們有幸在二十年間，目睹政權的更替，經歷殖民和後殖民的大時代變遷，卻諷刺地對軍事一無所知。我僅有的、親切感受過的所謂「軍事回憶」，不過是回歸日凌晨，澳門市民夾道歡迎解放軍進城，在台灣國父紀念館看瘦弱的三軍儀隊表演，在西藏公路上和坦克車並肩前行，以及天安門整齊的大閱兵了。

回歸後，澳門人卻開始自發親近軍隊。扶老攜幼參加駐澳解放軍軍營開放日，成了五一勞動節的指定家庭節目。除了真槍射擊、拳術演練等「專業表演」，市民最關心的還是炊事和武器操作，吃吃軍糧，摸摸步槍，感激外地來的「文明威武之師」，讓我們繼續舞照跳馬照跑的好日子。

專為澳門青少年而設的廣東短期軍訓營，變成另類的成人禮。軍校成了愛國主義教育的理想基地，一週的軍訓足以替八〇後九〇後洗脫嬌生慣養的惡名。步操訓練，把被子疊成直角，沖幾次冷水澡，回來有了談資，算是對父母有交代了。我沒有自告奮勇去湊熱鬧，既怕苦，也怕洗腦教育。在北京念大學時，全級同學被拉去參加歷時一個月的暑期軍訓，我卻憑港澳台學生身分得以免役。母親說我對軍訓的逃避，簡直是人生的汙點。

母親不知道的是，我那時候的男友正在韓國服役。我看見休假的役男，甫下火車就買了三桶冰淇淋邊走邊吃，其急躁簡直像三天三夜沒吃東西；也曾在兵營中看見一等兵餓瘋了般吃著家人外帶進來的炸雞，更多時候卻在聽男友抱怨被軍中同袍欺負勒索，或誰誰誰訓練時不小心被手榴彈炸死。

澳門年輕人對軍事的理解，卻大都是歡樂的。在一國兩制的「特權」下，我們天真地以為，軍牌只是一種陽剛的裝飾，卻不知道真實情況是，其中一枚由隊友帶走，另一枚要插在死者的牙縫裡以茲識別。

用嘉年華式的軍事表演灌輸愛國主義，不過是包著糖衣的尚武主義。在沒有兵役的人生，我們這一代對軍事要不頂禮膜拜，要不敬而遠之，乃至可以張大嘴巴看天安門的導彈和戰機展示，輕鬆地嘲笑對岸軍演的命中率和二手武器，對遠方的戰事無動於衷，以為總有別人代我們流血，自由總是免費的。

二〇一四年十二月四日

例外狀態的大我與小我

「開那個破會，你看多少人生計受損！」

出租車司機開始用濃重的北京腔跟我抱怨時，車子剛好開到央視大樓附近，工地裡鴉雀無聲。十一月初的北京，空氣出奇清新，市面異常平靜，卻不難察覺出暗湧。司機口中的「破會」，就是ＡＰＥＣ亞太經合組織會議。

經國大事，牽一髮動全身。會議在北京舉行期間，單雙號車牌限行，工地工廠停工，部分企業學校強制休假，結婚、火葬活動暫停，郵遞服務延誤。朋友說，宅配牛奶到他家的公司「後台」夠硬，可以「破例」隔天送貨一次。

在北京這個處處掛著「學習雷鋒」宣傳板的國度，ＡＰＥＣ這個關乎大國面子的「例外狀態」，正好檢閱「犧牲小我完成大我」的公民教育程度。突然被通知要遵守這麼多限制措施，市民只能苦中作樂地轉發「ＡＰＥＣ藍」的各種段子——至少ＡＰＥＣ為以霧霾著稱的北京，帶來藍天這個短暫的「福利」。

舉辦大型國際活動，政府不外乎兩種思維，一是鐵腕指令，要求全城配合；二是懷柔手段，動員全民參與。以二〇〇八年北京奧運為例，除了無孔不入地宣揚同舟共濟的國家意志，以努力化解民怨，還鼓動全國力量——讓火炬手和志願者身分，上升至一種要過關斬將、乃至調動各種人脈關係才能獲得的榮譽；同時把臨時措施常態化，例如奧運後變本更厲地限車號行駛。

＊　＊　＊

從北京回到澳門，我旋即進入另一周的「例外狀態」——到處都是鐵網、圍欄和路障，給人戒嚴的錯覺。

十月至十一月是澳門城市景觀變化最快最大的一個時段。每天起來，馬路的顏色和形狀都有所不同，彷彿誰在一點一點織著一條黃黑相間、就像電影《哈利波特》那條很魔幻的葛萊芬多學院長圍巾，把澳門半島裏了一圈，慢慢圈出了城市的輪廓。

這條「圍巾」不是癡男怨女織的，而是工人們用鐵皮一塊一塊拼成的防撞欄，它愈完整，意味著一年一度的格蘭披治大賽車越靠近。旅客、車迷、傳媒和攝影愛好者為此雀躍不已，因為艷光四射的賽車女郎和超級跑車快要出現。

大部分澳門人遇上澳門格蘭披治大賽車，只是千法百計想要怎麼熬過這段還要準時上班上學的苦日子。修路、封路、改道……澳門的上班族在堵得昏天暗地的路上詛咒著。可惜兩周黑暗期過後，並不就是太平盛世，堵車問題困擾良久，大賽車不過是雪上加霜而已。

外地人會問：「為甚麼不在大賽車期間拼車上班？」大陸的拼車服務早已普及，巴黎市政府也提倡行人搭伴出行，由同事親友鄰居自願組合，想尋找搭車夥伴還能求助於搭車中心。近年澳門的交通部門也開始鼓勵車主和親友及同事共乘，卻沒有創造誘因，公共交通配套反而越來越喪失它的舒適、安全和便捷度，情況就像光呼籲大家減少製造垃圾但不徵收垃圾費一樣無效。政府也並未有效把握這個「例外狀態」的時機，更好地推廣具持續性的彈性上班、鼓勵步行及綠色出行等，「例外狀態」就只是「例外」而已，四天過後一切又打回原形。

＊　＊　＊

因為賽車期間的混亂交通，令許多居民對大賽車心生怨念：賽車與我們何干？又吵又勞民傷財，卻吸引不了多少遊客，增加不了多少財政收入。我家就在賽道旁，賽車破壞了周末的寧靜，增加了上班上學的通勤時間，我絕對可以像許多人一樣，輕易舉出數十個理由反對它。當「例外狀態」變成了傳統的一部分，中斷就很容易變成道德上的負擔。

但大賽車那種「例外狀態」也同時營造出一種特殊時空，迫使我重新認識這座既熟悉又陌生的城市，它考驗我們的犧牲精神和集體智慧，它讓我們重新思考城市的空曠和擁擠，連電視直播裡的「髮夾彎」和「葡京彎」，也好像和日常見到的不一樣了。

當年三級方程式賽車手馬田賓度（Martin Brundle）曾說過：「首先你必須認識這條賽道，但這並非易事，因為這條賽道很長很複雜。內陸的一段十分狹小和很滑，而水塘的一段則很寬闊和急速，要明白如何協調，以求在僅有的時間內達至最平衡的安排，實在十分困難。我喜歡街道賽，因此澳門和蒙地卡羅是我最喜愛的比賽地點，因為這條賽道帶給我的挑戰，就是要在野心和準確性上達至平衡，以取得最大的圈速。」

要如何在賽車期間的例外狀態中，認識這座道路又長又複雜的城市，還要在野心和準確性上達至平衡？賽車手馬田賓度作了出絕佳示範，他不僅用戰車磨蝕過東望洋跑道的路面，還道出了一個不為澳門人所注意的澳門。

外地朋友問我為何不騎單車或開車上下班，我的回答竟然和馬田賓度有點相似：澳門的馬路太危險難駕馭了（大賽車不就是這樣宣傳的嗎？）。以至有這麼一種說法：如果你能輕鬆應對澳門馬路上各種高難度的停車位、坡度彎位和突如其來的混亂狀況，那麼到世界各地開車也是小菜一碟。有時候我真希望這個城市有條理清晰的快車道、慢車道和副路，然而澳門這樣含混不清的窄路小道，卻又是它與眾不同的最大記號。

澳門的所謂「例外狀態」，其實早已常規化。舉辦了六十屆的澳門格蘭披治賽車，以及賽車期間對暴力、色情和霸道的赤裸呈現，加之同期舉辦的澳門美食節的髒亂及煙火表演的氾濫，那種特殊的熱鬧和亢奮，已經成了這座城市的固有規則。它不是北京奧運和上海世博那種偶一為之的「小不忍則亂大謀」，澳門間或出現的那種看似樂意犧牲「小我」完成「大我」的使命感，往往只是一種對公共事務的冷感麻木和逆來順受。澳門人對賽車過半世紀的忍讓，已經成了不問根由的常態，甚至可謂「和諧社會」的楷模了。

＊　＊　＊

四天比賽，折合七億台幣的花費，僅有兩成收入，這賠本生意居然做了整整六十年。政府說，大賽車是歷史傳統，這些投入所換取的旅遊和宣傳效益是穩賺的。難怪「勝者為王」的競賽精神不被強調，倒是把「凝聚社會價值共識」訂為大賽車的首要工作目標。

澳門經濟一潭死水的殖民地時代，全民不得不寄望煙火式的大賽車，吸引遊客，帶旺疲弱的市場。回歸後，澳門賭權開放，大陸旅客港澳自由行政策推行，漁村華麗轉身成國際都會，窮光蛋變大富翁，遊客擠滿大街小巷。與此同時，社交媒體民意竄動，社會問題堆積如山，大賽車引發的封路、塞車、噪音及空氣汙染，瞬間把城市擠成壓力鍋。要「小我」一廂情願服務「大我」，卻不討論這座城市到底追求甚麼樣的社會價值；沒有對話的情況下，想要凝聚甚麼共識？

人們對例外狀態的不安與抗拒，往往漠視了它作為探問城市核心價值的良機。每個人在「自由」、「權利」的旗幟下，只想活得更迎合自己，保護自身利益，不惜毀掉也許有些人還需要的東西，以致「我」這個單詞，在二十一世紀的使用率將遠遠超越「我們」二字。

現代社會最可怕的，不是對例外狀態的抱怨，而是像阿甘本（Giorgio Agamben）所說，將法律懸置的「例外狀態」很可能不再是一種非常局面，而是一種政治常態。放諸港澳台三地，就是政府或人民對公共議題的決策，逐步變成純粹個人喜惡的抉擇，或僅僅為了執行某些更高權力的指令。只有小我、沒有大我的世界，和只講究「犧牲小我完成大我」的世界同樣可怕。

二〇一四年十一月十三日

電鍋裡的魚與熊掌

離開花博的農市集，我走進圓山站的一列捷運。作為無所事事的旅人，我一面看著滿車廂低頭狂刷手機屏幕的通勤族，一面回味剛才的新鮮農產。

難得的是，市集中湧動的大多是本地居民。台灣農產品通路之暢達，全民對養生延壽之講究，甚至對捍衛一棵老樹一條溪流之堅持，都表現出台灣人對土地的深深敬意，對幾乎沒有農業可言、講求經濟利益的澳門人來說，有如醍醐灌頂。

我盤算著把這些新鮮農產，和大同電鍋一起託運回澳門。許多受不了低薪、離鄉背井到澳門打工的台灣朋友，都說台灣電鍋好用，安全，過熱會自動切電，台灣人家裡必備。雖然台灣版電鍋的 110V 兩片扁腳插頭，和澳門 220V 的三片方腳插座不來電，但兩地對於電力的依賴，卻是一致。

近年澳門經濟急速發展，這座不夜城的用電量屢創新高，停電事故頻發。外資賭場財宏勢大，後備電源充足，不會因供電不穩而放棄澳門這隻會下金蛋的母雞。偶爾停電看不了電視、電梯困幾個人沒關係，醫院急診系統被迫暫停估計死不了人，反正每月有隨博彩稅收而來的高額電費補貼安慰。

那個勤儉持家、省水省電的舊澳門一去不返。

澳門九成電力輸自大陸南方電網，以火電及水電為主，核電僅占二．七％。然而，根據中國電力企業聯合會的《二〇一〇電力工業統計資料匯編》，南方電網的發電組合，核電佔整體裝機比例至二〇二〇年時會增至百分之九點三。不在家門前燒煤，眼不見為淨，這種自命清高，不過是把環保責任轉移外地；本土無核電廠，卻覺得被鄰近的大亞灣核電廠及嶺澳核電站包圍很無辜。所以在核電問題上，對過半數人口從事旅遊博彩服務業、又有大陸政府保障供電穩定的澳門來說，可以瀟灑地振臂一呼「我是人我反核」，卻不似台灣必須正視能源安全和經濟發展這個「魚與熊掌」的兩難局面。

在環境保育和民主參與的紮實基礎上，台灣理應是兩岸四地中最有條件兼容生態保護和經濟發展之地；存核廢核，正是它面臨的一道影響深遠、必須理性判斷的選擇題。核電廠若平安存在，不見得每個人都明顯受惠；反之，若核電廠失控洩漏，全台灣甚至全人類都必然遭殃——在這個「信仰」之下，許多人自然是站在反核那一邊。

我很好奇，捷運中那些刷著手機屏幕的人們，是否都願意義無反顧接受高電價、積極節電、不介意工廠外移大量失業、不抱怨外商撤資經濟蕭條？德國人為了非核家園，願意承受高電價，以及加大火力發電造成空氣汙染等代價，台灣人是否有毅力堅持自己選擇的荊棘之途？

廢核後的台灣有兩大可能，要不經濟社會經歷陣痛然後復原，並藉此契機研發出獨有的競爭優勢及嶄新的商機；要不捱不過陣痛，從此一病不起；但必然發生的是，台灣那些因能源爭議而失去競爭力的產業領域，勢將被鄰近地區取而代之，這不只是個別商家的不幸，損失終究會由全民埋單。

在臉書當道的世代，人們太習慣表態和圍觀，而忽略實際行動和承擔。公民有權利決定社會今天的走向，也有責任籌劃未來的出路。要不要按下電鍋的電源開關，可能只在當下的一念之間；但如果未來還想要魚與熊掌的盛宴，環保與經濟發展兩者兼得，一家人就應戮力籌謀，了解迎面的困難與挑戰，認清將來要共同努力打拚的方向。

二〇一四年五月二十二日

投票不是為了搧巴掌

「你有多認同自己是澳門人？有多認同自己是中國人？你有多支持澳門人像香港那樣爭取普選？你對於台灣民主前景有多少信心？」

接到香港高等院校的長途電話民意調查，訪問澳門人對政改的看法。一到十分。用數字描述你心裡的感覺。

每年接到的電話訪問多不勝數，都是關於公共服務滿意度、居民快樂指數等民生問題。坦白說，我一直對於這些調查沒有太大耐心，因為經常遇到抽樣不科學，或有强烈誘導性的問卷。

有趣的是，主要官員民意和立法會議員表現這種重要的民意指標，在澳門卻很少進行調查，現實是即使有調查結果，也不會有多大的影響力。在沒有問責制也沒有政黨政治的社會結構中，要一個官員因為民意下台，大概需要十年八載，等他一個光榮退休或任期屆滿。在這裡，選票和容忍度沒有必然的關係。

在「民意於我如浮雲」，又沒有真普選的香港，情況也好不了多少。所以不難理解港澳人為何如此關心台灣的選舉。台灣的朋友曾經跟我說，台灣大選前的民調總有一些人所共知的變數，例如深顏色者抱怨歸抱怨，大選前不表態的大有人在，但最後選票還是變成一種忠誠的表現，與候選人的政見有沒有打動他，不一定有因果關係。

選民的心理複雜性，任何時候都遠遠超過我們對民主選舉的樂觀理解，因為人們大多數時候所做的選擇，歸根究柢都是從自己的欲望出發。有些人支持某些政黨，是基於固有的政治立場或信仰（例如美國的共和黨和民主黨對自由市場和社會福利的原則性分歧）；有些選民期望選舉可以解決自己的問題（譬如公務員傾向支持倡議大幅加薪的議員），或進而解決大家的問題（譬如核安、食安、多元成家）。

當然也會有選民只期望維持某種既得利益（譬如大陸台商不期望兩岸關係被搞砸），也不排除部分民眾對當權派的施政早已忍無可忍，要用選票清理門戶。也有些人僅僅是因為某個政治人物長得帥氣，或看某個素人或權貴參選人不順眼，要用選票來搧他們巴掌，然後直呼過癮。

大快人心從來不是民主選舉的目的，社會改革也不是一夜的造神或趕走神棍，便可一蹴而就。假如選民不為自己的決定負責，準備好監督政府的公民義務，而僅僅把投票作為一種搧政府巴掌的抗爭姿態，那麼換一批官員、拉倒一個政黨並不保證從此長治久安。更多的四年或八年後，一個地區只會繼續泥足深陷於互打巴掌的內鬥局面，繼續在電視上看到對立黨派的立委們，開會開到拳腳交加的畫面。

搧巴掌不能逼使一匹拉貨的馬向前走，換了一匹也不見得牠永遠都是千里馬。但每次挑選、更替的同時，你可以試著幫牠換上更好的輪子，用更大的胡蘿蔔，合力推動、利誘和鞭策牠。

二〇一四年十二月十一日

空頭支票的筆跡

我們普遍傾向於一種理想主義的假設，民主選舉是從優的選擇，是透過辯論和政綱，由人民在理性判斷和深思熟慮的情況下，選出對大部分人來說最合適的人來管治社會，而民眾能隨時監督政府運作，並在必要時把信口開河的管治者趕下台。

如果民主社會僅僅是靠信任和良知來運作，當年就不會出現「百萬人倒扁運動」，堂堂總統也不會淪為階下囚。歷史經驗告訴我們，選民當初投票的原因，和當選者的最終表現往往是不掛勾的，但當在位者競選連任之時，他所派出的福利糖果，往往讓選民願意再一次押注在他的雄心壯志。看清對方當初開出的是一張巨額彩票，或是空頭支票，花費至少八年時間。人生有多少個八年？

數以萬計的選民因為不同的訴求和背景，各懷鬼胎是很正常的事。但當選人的心理狀態，作為選民的我們又有多大把握？如何在政治支票的筆跡中，讀出簽署者的心跡？

很可惜，澳門在這一點上，沒有可供台灣參考的經驗。在澳門這個擁有深厚的政商合一傳統、媒體普遍自我和諧的狀態下，政績和歷史評價之間，沒有必然的關係。名門出身的政治人物，其家族在社會的人脈勢力，早已深入城市的五臟，市民的期望很難影響或威脅到沒有競爭對手的當權者。不作為的官員得以長年留任，我們可以指責說是體制問題；但只會投棄權票的議員，可以年復年高票當選，就不得不想想民眾到底有甚麼問題了。

期望與表現經常不掛勾的根本原因，往往在於媒體沒有做好它的監督角色，沒有有效的民間監督機制，或成熟的公民社會尚未成形。

我們總是樂見弱勢者挑戰成功，完成看似不可能的任務，作出最有想像力的競選承諾。勝利過後，才是考驗的開始，但往往要等到競逐連任這一類的誘因出現，我們才看到信口雌黃和不作為的人，如何瞬間變得腳踏實地。為了讓所屬黨派繼續執政，掌權者才可能有所警惕，這時候政黨政治的重要性便浮出水面。

二〇〇八年，歐巴馬以「改變」的理念，成功當上美國歷史上第一位黑人總統，當時對於黑人和整個世界來說都是莫大的振奮，他精湛的演說技巧和動人的講稿文案被廣泛傳頌，甚至他甚麼都還沒有做就獲頒諾貝爾和平獎。四年之後，歐巴馬爭取連任成功但光環褪去，近期接連發生的黑人遭警察槍擊事件，更讓全國性反族群歧視的抗議有增無減，黑人地位並沒有根本性的改變。更不容說聯邦政府因為黨派惡鬧而步履闌珊，甚至曾經被迫關門，運作停擺。

真正的改變不只關乎勇氣，還關乎準備，不然所有的目標和願景只是一堆空話。一個經濟體為了信念原則，為了生存戰略，可以選擇不和某些世界大國做生意，可以義正辭嚴拒絕某些搞不清是福是禍的協議。問題是人民選擇了，但也準備好了嗎？空頭支票上的簽名，搞不好不是別人而是自己的筆跡。

二〇一四年十二月十八日

愛在我們的一票投出時

「我們怎能把自己的幸福／交到不愛我們的人手裡？／愛在他們的一票投出時／幸福是整座小城的事／讓真正的愛，／交回可愛的人帶領。」

——澳門詩人賀綾聲〈愛在他們的一票投出時〉

「投票」和「民主」不是美國人的發明，但他們深信這關乎整個世界的幸福。美國人對天賦人權和普世價值的擁抱，不代表他們對權利和義務都有一致的理解。以美國兩大黨為例，美國共和黨主張小政府、減稅、強軍、自由貿易，限制非法移民，反對同性戀婚姻和墮胎權，反對限制持槍權。民主黨則主張積極的政府財政，强調社會保障，主張管制槍支，提高最低工資，支持同性戀婚姻、婦女墮胎權利，關注環境、勞工、移民、少數族裔等議題。

也就是說，共和黨和民主黨的分歧是道德信仰上的分歧，花力氣爭論的是甚麼樣的價值觀更符合美國的自身利益，他們的共同目標，是在體現自身的道德信仰同時，讓這種信仰帶領國家走上更强更好的發展路上。

在我這個外人看來，台灣兩大黨對於憲法架構、政府體制、憲政運作、政治責任、立委選舉制度等的分歧，並沒有不可跨越的鴻溝，講來講去終歸是對「九二共識」的迥異態度——他們的其實是我們的，或者我們是我們，他們是他們。

如果兩個集合體以這樣的方式來體現各自的理念，嚴格來説這就只是利益的衝突，而不是信仰的不同。當一個國家把所有的力氣都花在這個層面，也就永遠只能停留在這個層次，用獨親其親的方式建立歸屬感，撕裂必定在所難免。

好比反占中和占中團體都打著「愛香港」的旗號，維護自身的當下收入，或爭取下一代的長遠利益，最後以愛為名的暴力衝擊卻有增無減。「你到底愛不愛台灣」也動不動掛在台灣人嘴邊，就像北京計程車司機每逢有抗日示威，都質問沒去遊行的我「到底是不是中國人」一樣。

愛一個不斷成長的對象，有許多的方式，有的把它當作自己的小孩關起來養，怕別人心懷不軌；也有勇敢讓小孩走天涯，回頭來改變一個家族的視野和盲點。

世上沒有永恆不變的愛情，它總是在不斷增加或減少，轉化或更新，對國家的愛也是一樣。但許多時候，我們對於愛國的理解，還僅僅是把權力交回某個「可愛」的人手裡，然後放牛吃草地過日子。真正的愛國，應該是在目標一致的情況下，包容意見相左的人的錯失，不把失敗轉化為仇恨，用經驗教訓，讓愛達到更高的品質和層次。

沒錯，你可以笑說那是理想主義，那是子虛烏有的大同世界，但同時也是國父孫中山「天下為公」的政治理念。環顧兩岸四地的民主現狀，我們似乎比古人還保守懦弱，還沒有這樣的氣魄和決心走到那裡。

二〇一四年十二月二十五日

阿豺的孩子

周末到茶餐廳吃早餐，鄰座一對雙生幼兒為了爭奪一份三明治鬧彆扭，拿筷子敲碗盤抗議。做父親的一手奪過木筷子。

我猜他準備演出《魏書》裡「阿豺折箭」的故事，傳授「單者易折，眾則難摧。戮力一心，然後社稷可固」的處世哲理。但他甚麼都沒說，手上也沒有阿豺那十九支箭，就算有，這世代的孩子估計也聽不進去。

沒有關係。十年後，他們學校的訓導主任，會嘮叨標新立異對群體的威脅。二十年後，他們在社會工作，即使不明白團結的力量，也絕對能了解合群的好處。三十年後，父母垂垂老矣，久病床前見證的不是孝子，而是彼此是不是有禍同當的真兄弟。

相對於港台社會整天擔憂「競爭力」，買罐奶粉都要先考慮是否能提升兒童的智力，「合群」反而是澳門教育的重心。在這個講究裙帶關係、服務旅客至上的社會經濟結構中，「合群」是比「獨立」更受企業重視的能力。在辦公室裡，Be a team player，更多時候不過是指投大眾所好，把工作時間花在和同事品茗養魚聊八卦，參與排擠他人的遊戲。

合群在辦公室裡的終極目標，是分散責任；在社會組織中，卻是集合能量。合群性在澳門最淋漓盡致的體現，是結社傳統，以及隨之而形成的「社團社會」。在貧困的日子，結社或多或少建基於守望相助的人情味，但在千億澳門元財政盈餘的當下，卻變成無政黨社會中爭奪資源的方式。澳門回歸十五年，新社團如雨後春筍冒起，平均每天都有一個新社團誕生，六十萬人口擁有六千多個社團，數量大概可以記入《金氏世界紀錄大全》。

澳門申辦社團的入門門檻只需兩人，再經政府審核社團名稱和章程有否重複，即可成立社團。社團在政治選舉的影響力更是明顯，每逢接近立法會選舉年，結社之風尤甚。不難想像，當六千社會組織的財主是政府和一小撮商人，這就不是「小政府大社會」時代，也不是明刀明槍的大財閥時代，而是同鄉會式的金權時代了。

在台灣，如果一個招牌掉下來，很可能會砸到幾個博士；換了在澳門，大概是壓傷一堆身兼十數個社團的會長或理事。在這裡，你不需要很富有或成為大人物，只要你夠合群，你的頭銜很容易就可以塞滿一張三折式名片。

世人都知道一黨專政的可怕，見識過在野黨為了奪權可以多麼不擇手段，期待無黨派領袖、公民社會乃至無政府主義可以取代色彩張揚的政黨政治，打破敵我分明的社會亂象。但在公民意識薄弱的無政黨社會中，發言權的大小，到頭來可能取決於你的折疊式名片的厚度，而不是那張薄薄的選票。

當特權階級不再處於金字塔頂端，而是躲在六千個瘋狂交集的圓形中心，我們連衆矢之的在哪裡都看不清，方才真正感到「團結」的龐大力量。所以不吵不鬧的我們，到現在還是阿豺最聽話的孩子。

二〇一五年一月八日

借來的運氣，借來的健康

「請問他病情如何？」
「不要問我了。說過你都忘記了。」
「這是我第一次有機會見到您，醫生。」
「證明你一點也不關心他。給你看報告有甚麼用？你懂甚麼。」

那是美劇《流氓醫生》（*House*）的對白。噢，不，那是在澳門，我的真實人生。父親在病床上拉著我的衣袖，意思是肉在砧板上，算了。

看著藍領階層的父母，深受職業傷害之苦，我卻求助無門，真是枉為人子。我紙上談兵地瀏覽香港肺塵埃沉著病補償基金委員會的網頁，想起在台灣見識過的健保系統，我忍不住孩子氣地想，如果活在哪裡哪裡有多好。

我不想數落澳門的醫療服務，不想列舉那些救護車製氧機失靈、病床上按緊急呼叫鈴卻無人理會、全身抽筋幾小時醫生才來這些至親好友的血淚經歷，不想再複述醫生那些模稜兩可的對答，不想描繪那些呼喝病人的公務員的嘴臉。澳門每年派發醫療券，有免費的衛生中心、疫苗注射、嚴重疾病治療，還抱怨甚麼？社會老齡化，病患大增，醫護人員壓力大、工時長、資源人手緊張，冷漠可以理解。

我們也因此接受社會的冷漠，明白經濟繁榮需要代價，不管大家傷不傷得起。大陸的暴富，正是以環境汙染和民衆健康為代價，以矽肺病為例，大陸每年新增約一萬宗病例，染病及死亡人數均是世界之冠。工人們出生入死賺著最微薄的工資，出了事，卻沒有像樣的賠償及治療機制。

台灣的健保制度和醫療水平，傲視全球，陸客不辭千里來體檢，生病也要到台商投資的醫院掛台灣醫生的號。然而許多台灣朋友跟我抱怨，能醫不自醫，這社會病好久了。

社會就像人的身體，需要平衡，才能保持健康的發展。台灣一方面沉迷個體的養生之道，卻不知道如何在多元聲音中尋求整體的平衡。像一個高血壓的中年人，終日吃著大量垃圾食物垃圾資訊，開會老是激動爆肝，下班在人擠人的捷運中，才想起用零碎時間做穴位按摩甩手操。

也許有人會說，台灣經濟不景氣，沒辦法，健康是有錢人的玩意。那為甚麼澳門在人才最鼎盛的時候，沒足夠的醫療人員；在投資最充沛的時候，對工人的職業傷害無動於衷；在政府庫房收入最豐厚的時候，沒有有效的醫療保障及復康支援機制，更沒有亡羊補牢的打算……一切只因為「食得鹹魚抵得渴」那句不負責任的粵語套話？

台灣礦工患矽肺病也許是過去式，但對那些日夜在地盤、馬路、工廠、賭場內吸收汙染物和二手菸的澳門工人來說，卻是現在進行式。沒有同理心，經濟繁榮的社會一樣可以病態至藥石無靈，失衡到極點。

如果香港是「借來的時間，借來的空間」，澳門則借來數百年難得一遇的運氣，卻透支了眾人的健康。打工一族不斷借貸卻懵然不知，直到病魔這嗜血的高利貸找上了門，老闆早已挾著巨款逃之夭夭，當以為還可以像從前那樣，留下爛攤子讓下一代承擔，才發現在如今老弱病殘的社會中，只能自己艱難地埋單。

二〇一五年一月二十二日

在富裕之城優雅地老去

當年母親在醫院做完腫瘤切除手術，出院後卻發現製衣廠東主跑了，被欠薪數月的她為爭一口氣，拖著病軀到澳門政府部門投訴追討。接待員卻諷刺她一把：「阿姨，我看您的樣子也時日不多了，還爭甚麼呢？去找善終的康寧服務吧。」母親聞言馬上血壓飆高，兩眼一黑差點氣昏過去。

父親的病是工作引起的，因為怕涉及追討賠償，澳門私立醫院的醫生不願意在報告上寫下結論，他們說，去找政府的職業病治療所吧。回覆的公務員說：「矽肺病無法治療，就算有職業病治療所也沒用，不是有政府醫院嗎？定期去看醫生就好了。可以來立案申請賠償，經專家判斷專員調查，再排期上法院，出庭作證，法官判了，再轉介社會保障基金，就『有可能』可以獲發放補償。當然，這樣一來一回，數年時間是少不了的。」

以前的地盤工人沒有保障，多是接工頭的臨時活。判上判的外包責任，工頭欠薪一跑了之是常有的事，根本沒有甚麼證明文件證明誰是僱主、誰該負責任。倒也罷了。病人要追討補償，卻叫他去找心理支援；一心尋求復康支援，卻只管叫他去法院討賠償。為甚麼這個城市一直搞錯重點？

無法治療，不等於不用管。有醫生看有藥吃，不代表就是福利完善的塵世天堂。輪候時間長，沒有針對性的復健治療，供氧設備自己想辦法，家屬自己上網學習照顧特殊病人的方法，病人心理脆弱自己看著辦，醫生只管叫你去找一個不存在的「職業病治療所」跟進治療。就算那個你每次花兩小時等待的醫生是菩薩心腸，外面一大批病人等著，他也只能給你三分鐘時間。生病的人就像一個皮球，不是被踢來踢去，就是自己在絕望中洩光了氣。

二十一世紀的今天，老齡化、少子化、醫學昌明延長病人壽命，「老」、「病」合成一門顯學，不但長者要修學分，中年人要背誦，年輕人也開始要為侍奉父母和孤獨終老作準備，所以「老病學」應該像「災害求生術」般從小納入國民教育課。一個博士或高級經理，不見得就懂得量血壓、按摩、拍背、急救、與病人共處，在疾病面前，知識、情商和金錢同樣重要。

海明威在《老人與海》中說：「人不抱希望是愚蠢的。」但人把晚年的希望全都寄託在社會福利這張「安全網」則更為愚蠢。深陷歐債危機而被迫削減社會福利的希臘和葡萄牙，就是鐵證。

台灣的養生文化向來蔚為奇觀，民間各種拉筋拍打排毒進補祕方口耳相傳，「疾病」和「老年」書寫，也在台灣文學中大量湧現。我們經常笑「台灣人怕死」，但對自己的身體負責，就是對家人負責，對社會負責。盡可能不增加社會的負擔，更絕不容許荒謬的社會制度拖垮自己。這是台灣給我的經驗、澳門給我的教訓。

有人也說，單靠「道德」無法維繫社會，連親生子女也不保證能侍孝至親，就更不可能祈求冷酷的富裕之城來報恩；不好好規劃晚年和自我保養，只能自責。

沒錯，「病人」和「老人」，本來就不該依靠社會的「報恩」和大眾的「施捨」，有尊嚴且優雅的病去、老去，本來就是一種基本人權。

但更多時候，社會只是把他們當成來討債的負累。

二〇一五年二月五日

追求卓越，還是追求愉悅？

名校出身的母親抱著初生嬰兒，跟我慨嘆幾年後小孩入學的事情：「那是每天準備考試作戰的人生啊。進去那裡等於沒有童年。」

台灣、香港和澳門近年一直在爭奪全球最低生育率的頭銜，然而港澳的少子化現象，並未出現教育資源競爭減少的情況。以澳門為例，龍年嬰兒潮，導致二〇一五年適齡入讀托兒所的人數高達一萬三千（澳門人口才六十萬而已），托兒總額卻只有六千多個。父母餐風露宿排隊領取入學報名表，分秒必爭地和兩歲小孩進行面試訓練。這些娃兒連走路都不太穩，就要準備擠過人生的獨木橋。

只記得第一名的社會，不只有韓國。香港電影《狂舞派》，引出「為了某事，可以做到甚麼程度」的流行語；好萊塢電影《進擊的鼓手》（*Whiplash*），則叩問教育應否鼓勵超越自己，不惜以變態的手段，逼近人的極限。電影中的男主角，渴望成為流芳百世的爵士樂鼓手，練習過程中被學校的樂隊指揮逼到歇斯底里，在追求技巧的突破中，漸漸忘記音樂帶來的快樂。那是吹錯一個音符，拖了一下節拍就要滾蛋的殘酷競技場，現實社會不也是這樣？

相比之下，鼓吹「有賭未為輸」的澳門，可算是一個容許犯錯和東山再起的地方，以致讓人有温馨的錯覺。

二十多年前，我在澳門考幼稚園的時候，競爭也頗為激烈，母親花了大量心思調教我這個蠢貨。「你的名字叫甚麼？」「肥豬肉。」「今年幾歲啊？」「養樂多。」雖然問非所答，我最後還是靠兄長的關照入學了。往後十多年的本土教育、家庭訓導和社會經驗，無非傳達同一訊息，在這個小城，人情關係遠比成績或業績排名來得重要。

所以當「亞洲四小龍」為了「全球百大學府」或「城市競爭力」的排名升降神經緊張時，澳門人總是處之泰然。「排名」本質上是一種鼓勵自我優化的競爭機制，卻更多被解讀成「適者生存」的指標，以韓國為例，大家只看到它近年凡事拚第一的風光，看不見背後同樣獨占鰲頭的自殺率。

盲目追求排名固然可憐，只在乎輸贏則更為可悲。當城市把「成王敗寇」作為座右銘，我們便往往困在既定的遊戲規則中，只顧打倒他人，一心扭轉乾坤，白白錯失突破自我的機遇。

教育模式和社會氛圍，隨著生存觀念的變化而不斷調整，但無論是物競天擇的「獨贏」觀，還是新世紀冒起的「共贏」概念，人類對勝利的追求從未間斷。如何讓民眾在追求卓越中保持愉悅，讓城市不至陷於惡性競爭的泥濘，是兩岸四地需要共同面對的課題。苦守排名的執念，卻不以超越自己為競爭的終極目的，這樣的城市發展邏輯將永遠無法洞悉自身實力的降升——在大家都在變爛的過程中，我只需要比別人進取一點點就夠了。

二〇一五年三月十九日

雙城對看

和朋友約在有著兩棵大樟樹的「婆仔屋」吃午飯。席間，風動葉飄，遠處木棉花落。不禁想起幾天前新加坡開國總理李光耀的風光大葬。

澳門傳媒沒有花多少時間點評這位政治人物的功過，不對照澳門與新加坡的賭業政策，不比較「糖果政策」（澳門的現金福利）與「鞭子管治」（獅城的嚴法鞭刑）的優劣，反而突出一則「花邊新聞」——那個在總理家打了四十年工的自梳女傭憶述她的善良僱主。

澳門的「婆仔屋」，過去正是自梳女之家。二十世紀中葉，廣東順德地區大批農村女子不願屈從盲婚啞嫁，盤起頭髮立志終身不嫁，遠赴外地當傭人，打工養活自己之餘，還匯錢回家鄉。父親說，那時候有親戚在南洋打工是件大事。在廣東小城，大家朝思暮想的城市是香港和新加坡，不是說共同方言的省城廣州，也非遙不可及的紐約。澳門，只是通往夢想之都的一個中途站、一塊小跳板。

每個人都有自家版本的雙城記，每座城市都不免墮入雙城對看的關係。香港回歸以來眾多的本土論述，都隱約存在一個參照對象，新加坡、上海、北京、台北、深圳等，都可以和香港演一齣對手戲。

澳門當然也有自己的「雙城記」，主角不是貌合神離的葡萄牙里斯本，而是同樣經歷殖民和一國兩制的香港。澳門憑著近年經濟上的突飛猛進，在香港的「雙城記」中好歹賺到一個小角色，中央官員也多番提醒香港看看澳門這個「乖巧的弟弟」，再對照不斷內訌撕裂的自己。

「他山之石，可以攻玉」，參考學習，取長補短，在競爭中求進步，本來不是甚麼壞事。但如果在「雙城」的邏輯中，僅僅思考如何讓一座城市勝過別人，不惜窄化「好城市」的定義和視野（諸如摩天大樓和大企業的數量），已經夠糟了；這還比不上「敵不動我不動」的不作為心態，更教人心痛。香港深陷前者的陷阱，澳門則緊抱後者的惰性。

第三種思維方式是，「別的城市可以，我們也一定行。」澳門政府派錢，我們的政府也應照做！德國可以廢核，我們的政府怎能說不！假若民粹主義追求不顧一切的移植模仿，不顧國際形勢，不考慮城市的人力物力環境資源是否可以承受，這樣的雙城對看，沒有半點意義和好處。

「今日澳門，明日香港」、「今日香港，明日台灣」的論調，是民眾對命運共同體的警惕，政治家李光耀卻早就看破這種雙城關係：「五十年以後，你認為中國會讓香港有別於廣東嗎？」如果新加坡，把香港看成唯一的參照物和假想敵，僅僅以「贏」過對手為目標，而不是如李光耀所說，每天起來一直想「自己如何把國家變得更好」，那麼新加坡就不是今天的新加坡了。

「這是最好的時代，也是最壞的時代。」狄更斯《雙城記》中，愛情沒有絕對的勝利，倫敦也不比巴黎好多少。怎樣才算一座城市的勝利？誰有資格定義所謂的勝利？跳開雙城對看的視角，縱觀世界反觀自身，我們也許能找到更好的視點。

二〇一五年四月二日

國際城市的種族包容

槍聲傳出的一刻，許多香港人和菲律賓人都心碎了。菲律賓政府和馬尼拉警方在挾持香港旅客事件中嚴重處理失當，無可置疑促成了一宗大悲劇，更為港菲關係劃下一道巨大的傷口。事件發生之後，任何敏感的細節都被憤怒的大衆一把抓著，成為宣洩情緒的出口，網上迅速出現不少呼籲港人罷遊菲律賓、辭退菲傭及仇視菲律賓人的言論，以訛傳訛的流言蜚語更是瞬間鋪天蓋地。

香港人和菲律賓人之間複雜的互動，主要建基在外傭關係上。香港的菲律賓人共有十多萬，是社會上一個不能忽視的群體，香港政府為保障在港少數族裔的權益，幾年前更推出《種族歧視條例草案》，其中故意侮辱其他種族人士（例稱菲律賓人為「賓賓」），可能會被視為種族歧視。

回首看看同樣有大量菲律賓外傭居住、但種族歧視法例尚未成型的澳門，澳人與菲律賓人之間的小矛盾，也是輕易地被拉扯到種族問題上去。我曾經在澳門目睹一個西裝革履的菲藉青年在公車上不慎摔倒，司機隨即放聲大笑，菲藉青年又羞又憤，用英語厲聲質問：「笑甚麼，我問你笑甚麼？你這隻豬！」不會英語的司機半晌才迸出一句粵語：「你神氣甚麼？這是中國人的地方！滾回去！」

這裡值得討論的是，到底澳門是誰的澳門？難道澳門真的只屬於中國人？澳門作為移民城市，「澳門人」很早以前已經是個複雜的概念，除了土生葡人及大陸新移民外，拿到澳門身分證的菲裔、印裔、泰裔人士不知凡幾，又怎是一句「華人」了得。近年，澳門家庭不僅大量僱用外傭，自賭權開放後，外資賭場更傾向聘用會說流利英文的菲律賓人，許多澳門人因此把菲律賓人視為繼大陸人外，工作上的最大競爭對手；這些外地僱員有些成為澳門居民後，更加入申請社屋、經屋的行列，獲得政府派發的現金福利，令不少「老澳門」擔心大餅被越分越小。

二十世紀下半葉，東南亞各地排華情況此起彼落，暴力慘劇一再重演。進入二十一世紀，種族主義在全球化的權力格局中忽明忽暗，讓人一步一驚心。香港作為國際大都市，人口的構成比澳門更為複雜，在經歷殖民統治後更應謹記種族主義對社會的破壞力，對不理智的事件保持理智。而澳門要發展成一個真正的國際城市，當務之急是要成為一個有文化包容力的地方。文化包容力，指的不是澳葡時期的河水不犯井水，也不是文宣廣告上那一句抽象籠統的中西文化交會，而是衷心尊重和接納對方的不同，包括樂於在一個公平的市場上與各國人才競爭，以及在處理矛盾和衝突時能保持理性和克制。

二〇一〇年八月

北進想像

「北京全藝社當代藝術交流中心」早前在北京三一八藝術園正式開幕，同場舉行了《澳門當代藝術展》，並開始有藝術家陸續駐場。相類似的藝術中心在京城數以百計，但對於小城澳門，卻具有劃時代的意義。

在澳門，純藝術還「純」不起來，除了賭場收藏、政府資助兩大途徑，本質上還欠缺成熟的藝術市場和濃厚的鑑賞氛圍。因此高瞻遠矚的藝術投資和大膽的市場開拓對長遠的藝術發展尤其關鍵。以北京這個新興的藝術中心作為邁向國際的跳板，澳門藝術家和藝術團體的「北進」已不再局限於「愛國主義」語境，而是對北京這個舉足輕重的國際藝術集散地的敏銳觸覺。

和許多香港、台灣藝術家的「先見之明」相比，澳門的海外藝術發展因為種種局限而顯得特別「後知後覺」。香港的賽馬會藝術中心已投入運作，西九文化區亦如箭在弦，香港特首訪京期間也不忘到七九八藝術區取經。反觀澳門，婆仔屋人去樓空，頑强掙扎的牛房倉庫則繼續與臭氣、噪音、殯儀館、狗房為鄰，打著「賭城」及「文化名城」旗號的澳門怎能不放手一搏？

「北進想像」不是一個新興的論述，早在香港回歸前已有大量學者著書立說探討它對香港的影響，尤其是害怕被邊緣化和失去政經優勢的擔憂，使香港一直在如何加快「融入」大陸和捍衛本土主義的兩極中拉扯。但在「後奧運」和「後殖民」的當下，隨著「北京」這個預設「目的地」的國際化和高速發展，「北進」一詞除了反映當今的經濟勢頭外，文化藝術上多少有了真正回歸母體的新意義。相比起「南來」的文化大軍壓境，「北進」中的主動投懷送抱，更讓香港人對身分認同和區域定位有了全新的想像和更深層的焦慮。

政府支持跨境展覽是開拓藝術家知名度的重要一步，但我更為關注的是港澳本土藝術在「北進」過程中的變化。北京奧運期間的《生活月刊》就以「北京客」為主題，訪問了中港台及海外的數位有名「京漂」。其中，香港著名美術指導葉錦添說道：「當我們這個大的母體在變的時候，我們變得更激烈。」縱使仍有懷疑乃至敵意，藝術創意與身分認同的確在許多「北進」藝術家身上有著深遠的影響。早前《澳門日報》的一則訪問中，有「駐京澳門藝術家第一人」之稱的水墨畫家吳少英多番提及在北京藝術圈的生存策略，就是作品要足夠好。說到底，政府再用心灌溉，能否在北京這片新天地開花結果還是要看藝術家的本事。

中港合拍片如雨後春筍般出現，不少香港演員和電影工作者逐漸把發展重心放在大陸，香港人因此被貶稱為逐水草而居的游牧民族，看到哪裡有好處就往哪裡鑽。澳門人除了羨慕妒忌恨以外，還有甚麼能做？如何在區域融合的過程中不被吞沒？澳門藝術家想要進入國際藝術市場，除了作品經得起殘酷的競爭和汰弱留強，在未來一路向北的思維中，還要對發展空間的想像以及無可避免的磨合抱有更大的自信、勇氣和膽識。

二〇〇八年十一月

電話的另一頭

我對電話訪問一直抱有戒心，全因第一次的壞經驗。電話的另一頭是把男聲，三十歲上下，聲音冷漠認真，說是政府統計暨普查局的消費調查。他詢問家庭結構的基本資料，我煞有介事地回答，對方卻越問越奇怪：「你母親喜歡穿甚麼樣的泳衣？比堅尼還是連衣款？」「我媽不游泳。」我本能地啪一聲掛上電話。那時候的我還不到六歲。可恨當時是轉盤式電話，甚麼來電號碼都看不到。

「來電顯示」這玩意在我小學三年級左右突然流行起來，「反來電顯示」和「反反來電顯示」也應運而生，變成日常生活的一部分，特別是科研機構打來做電話訪問時常常是空號。一朝被蛇咬，看到不明電話號碼，我只能下意識拒絕。

後來在大學的研究中心工作，開始了解電話訪問的操作方式、科學抽樣的重要性、何謂有效的問卷設計、統計資料的手段、訪問流程的監督，還有訪問人員的辛勞。澳門有幾千個社團加上政府機關、高等院校和大財團，各種巧立名目的電話訪問幾乎每兩周一次。「這樣就開始問了嗎？不用抽樣嗎？你怎樣確保你的數據分析是科學的呢？你不覺得這份問卷設計非常有引導性嗎？你如何取得我的電話號碼？你們監督人員的電話是幾號？……」經得起盤問的，我會欣然接受訪問；支吾以對的，我會馬上拒絕。人生太短，騙局太多，沒有時間浪費。

民意調查是公民社會的一個重要組成部分，然而「假民意之名，行預設立場之實」常教人防不勝防。政府近年大力向長者宣傳提防「猜猜我是誰」、「你家欠交電話費」、「你有一份過期郵包未領取」、「大陸公安懷疑你的銀行帳戶涉及犯罪」、「等錢贖人應急」等電話騙局，若把這些招數與「偽民意」的電話訪問相比，實在是小巫見大巫了。

電話訪問經常與民生相關，很容易變成怨氣的出口。有次監督著大學生做電話訪問，有女學生舉手求救，說本來三分鐘的訪問，電話另一頭的被訪者說了半個小時還沒有完結的意思。對方是剛來澳門的大陸新移民，訴說了各種苦不堪言生活逼人，以為我們是政府的福利機構，黑暗中的一線生機。

她不是特例。電話訪問經常是在黃昏或晚上進行，接電話的有很大部分是長者或家庭主婦，哪怕電話另一頭的人根本不認識，一個數分鐘的訪問都拖成四十分鐘來閒聊，看來這座城市真的是無比寂寞了（難怪電話騙局那麼猖獗）。他們的心聲沒人在意，科研機構、媒體和政府在意的，只是一堆濃縮篩選後的數字。

二〇一三年八月十六日

沒有菸抽的日子

一支菸的時間

年少輕狂，也曾有過菸不離手的歲月。一大群未成年人躲在泡沫紅茶館地下室或天橋底抽菸，醇萬寶路和 Lucky Strike 是男生們的大愛，我只抽綠色盒子的薄荷萬寶路。抽之前用水把濾嘴略微沾濕，然後邊抽菸邊單相思，燒到剩下菸屁股，再看看濾嘴上的焦痕——心型的或心碎的——那是情路上進退失據者的占卜術，醫生眼中由 12mg 焦油及 1mg 尼古丁組成的邪惡風俗。

高中班上也曾經有這麼一個慘綠少年，終日被同學捉弄，卻從不像其他男生用菸圈掩蓋沮喪；每逢學校募捐，總又低調地拿出父母給的巨額支票——聽說家裡是開菸草廠的，家境富裕，祖上吩咐做這種損人壽命的生意，平日要加倍行善，他又是九代單傳的寶貝兒子，不能不多積陰德。

到了大學，文學系藝術系哲學系裡少不了酒鬼菸鬼，老師當著兩百名學生面前，在講壇上邊講課邊抽菸是平常事，二十歲剛出頭的文藝青年，總有幾個聚起來就邊談傅柯邊抽雪茄。

出來工作，身邊更是多了許多「飯可以不吃，菸不能不抽」的同事；藝術界朋友也多，二手菸吸多了，不得不多吃點豬血排毒。長壽美劇《六人行》的女主角之一 Rachel，為了爭取老闆和同事信任，硬著頭皮苦心去學抽菸的情節，現實生活中一直不缺；抽菸攀關係的文化看似放諸四海而皆準，幸好不少澳門機構企業推行無菸工作間，遞菸文化在澳門已有點過時。

生在賭城澳門，就注定和香菸脫不了關係；每逢回鄉省親，帶菸是指定動作，其象徵孝敬的程度不亞於現金。住在廣東的祖父外祖父都是老菸槍，每次回鄉，長輩都會在關閘和拱北之間的「三不管」地帶免稅區買幾條進口菸，就算是小孩也必須幫忙揹兩條。祖父外祖父如今都不在了，親戚們帶菸的習慣卻沒有改變，一出關就把免稅香菸轉手賣了，賺一頓下午茶錢。

在鄉下地方，無聊終日的野孩子如我，想要偷菸抽根本毫無難度。祖父外祖父都是竹筒水菸和進口香菸輪著抽，我們小孩子不懂水菸的操作原理，裝模作樣猛吸幾下，好奇換來的，只是一口吐也吐不及的臭苦水而已。

不要誤會，我其實痛恨香菸，下決心不抽就不再碰了。祖父在生時對我百般溺愛，唯一一次惡言相向，正是因為我勸他少抽一點。後來他肺癌病逝，子女們每次掃墓，都不忘在墳上點一根香菸，或燒點香菸造型的紙紮製品。祖父那麼迷戀香菸，如果說是因為嚴重上癮，還不如說為了消磨時光；子女孫兒都不在身邊，朋友也沒幾個，抽菸成了打發時間的最好伴侶。

澳門街頭還有不少人在耳背放上一根菸以備無患，或是兩指間夾著菸邊走邊抽，他們有他們的自由，自由得讓走在他們五百公尺範圍內的途人無一倖免吸著二手菸。那些身影都不像我的祖父，但他們手上每一根燃燒的菸草，都讓我想起祖父火化那天的濃煙裊裊。

無菸與無感之間

澳門宣傳「新控菸法」的電視廣告是這樣的——

客人甲說：「伙計，牙籤！」，茶餐廳侍應即遞來剛從客人乙口中拔出的牙籤。客人甲一臉驚愕：「怎麼可以？」侍應和一眾客人回答得理直氣壯：「那你逼我們吸二手菸又可以？」

對於再簡單不過的問題，澳門總有辦法給你一個含糊的答案。推說菸灰缸垃圾桶設在公共汽車候車亭或客運車站周邊不是菸民的錯，為了賭收所以賭場範圍內不能禁菸是無可奈何，澳門本來就是「與別不同」嘛等等。移居香港多年的親戚曾自豪地說，香港人的文明在於有觸覺，一眼觀七，若你在菸民面前掩鼻、皺眉、在齒間擠出厭惡的聲響，他們便會馬上熄掉菸頭，有教養的更會誠心向您道歉。

「澳門人就沒有這種sense。」我的香港親戚斬釘截鐵地說。

聽到別人說澳門人沒有文明觸覺，想辯駁，卻又恨鐵不成鋼。有些人你越瞪著他看，他菸抽得越自在，一副「你能拿老子怎麼樣」的德性。的確不能拿別人怎樣，只能每每在街上走路有風，務必趕在叼著菸的人前面。這種「老子」，十歲到八十歲，男女本地人旅客外勞新移民地盤工人西裝白領甚麼都有。

在香港，禁菸督察頻頻出動，普通市民嚴於律人，餐廳負責人也怕投訴罰款，多重監督下，菸民不得不自律守法。大陸也推行室內公共場所禁菸好一段時間，但都只能靠餐廳來提醒顧客，有法但行之不嚴，成效始終有限。

澳門到目前為止，還算是菸民的天堂。就香菸的價格來說，澳門賣的香菸相對便宜，不似香港近年不斷大幅增加菸草稅，導致私菸市場活躍。在商業層面來說，菸是娛樂場所的春藥，業界邏輯是禁菸了便沒人來賭博，澳門人就活不下去了，所以能抽菸的室內場所還是多得很。若問餐廳侍應能否抽菸，往往得到模稜兩可的答案：「您自己決定吧。」說罷即遞給你一個菸灰缸。

尼古丁與經濟繁榮

聽著張雨生的《沒有菸抽的日子》，我開始想像這座城市沒有二手菸的樣子。但腦海聯想到的，只有白茫茫的煙霧。

政府規定香菸盒上的警告字眼及噁心圖片比例越來越大，菸稅也越來越高。澳門的菸稅約佔零售價約三三・三三%，除了遠低於世界衛生組織建議的七十%，亦較大多數鄰近地區低（香港約七十・三七%；新加坡約六五・七%；南韓約六四・九九%；大陸四十・七六%）。相對於香港限帶十九支菸入境，限帶一百支菸的澳門已是相當寬鬆。香港許多公共地方嚴格禁菸，常出現西裝革履的上班族在午休時間圍著街頭垃圾桶「打邊爐」（吃火鍋）的奇景，終於煲出了《志明與春嬌》這樣深受菸民共鳴的電影。

澳門近年變化迅速，連香菸的售賣方式也不同了。以前以報攤、茶餐廳和雜貨店為主要通路，如今卻是便利店及超市的天下。「新控菸法」於二〇一二年正式實施，開業六十多年的寶興菸行同年結業，那不是因為菸民數字劇減無以為繼，而是敗給了地產霸權和新的消費模式。

澳門不止是菸民的天堂，十八世紀下半葉至十九世紀中葉，澳門一直是鴉片貿易基地。林則徐為杜絕澳門的鴉片走私貿易，事先責成澳門同知蔣立昂、香山知縣三福、縣丞彭邦海仿保甲法嚴格編查華夷戶口，造冊呈報，然後於一八三九年九月三日早晨，到澳門巡視檢查禁菸事宜，可見當時澳門這個中轉港在鴉片走私中擔當何等重要的角色。雖然鴉片貿易如今已在港澳絕跡，菸草業亦不似以往輝煌，但在本土製造業中仍占一定比例。澳門沒有種植菸草，但令人驚訝的是，截至二〇一四年中，小小的澳門卻有十六間菸草生產商，菸草生產商入口菸絲，經加工成捲菸後再出口。

寶興菸行前身正是鴉片菸館，後來轉型賣菸，一直與銘記鐘錶行合租舖位，我每次去銘記維修手錶，都不忘看看寶興琳瑯滿目的各式菸盒和菸斗。但凡有老店結束，澳門人都不免懷舊感慨一番，唯獨菸草店關門大吉，對我這種不抽菸的人來說絕對是一株好事。

據媒體報道，「新控菸法」實施之前，九成三的食肆有人抽菸，現在食肆抽菸的情況已減少了，可是每次踏出澳門機場的候車區，雖然鋪天蓋地都是禁菸標語，但放眼望去，都是剛下飛機逼不及待要抽幾口菸的旅人。外地人不知道法例還情有可原，但至今，每年違法吸菸被檢控的八千多例個案，違法者過半數是本地人。

香港親戚常說，在澳門吸二手菸的日子好歹過去了。說這番話的人明顯沒有往賭場去。民間呼籲賭場全面禁菸，以保障博彩從業員的健康，然而落實中場禁菸仍舉步維艱。

澳門衛生局根據二〇一三年的資料，指吸菸造成的經濟損失高達四十七億四千一百萬澳門元。另外，以每五%的通膨率保守計算，到了二〇二〇年，僅計算生命損失和醫療費用增加，造成的損失將達到六十七億澳門元，當中仍未精確計算對家庭及社會做成的各種影響。故此，這些損失遠高於菸草業帶來的稅收。另外，衛生局委託統計暨普查局進行「澳門人口菸草使用情況調查」的結果顯示，二〇一三年本澳十五歲及以上人口的菸草使用率為十六．四%，分析各年齡組別的菸草使用率，則發現由三十五至四十四歲年齡組人士的菸草使用率最高，二十．八%；根據衛生局「澳門青少年菸草使用情況調查」，十三至十五歲的澳門青少年，更是每十人中有一人抽菸。而本澳居民在其居所、室內飲食場所及工作場所的二手菸暴露率分別為三十．三%、九十三%及五三．六%。

如此高的二手菸暴露率，透露出城市的畸型發展和居民的健康隱憂。不需要占卜術也可以想像，澳門源自賭場的財富，早晚也被賭場氤氳不散的煙霧所耗盡。巨額稅收的天平的另一邊，置放的是澳門人的集體健康；天平的底座，正是賺錢至上的資本主義邏輯。

健康的新鮮空氣是市民的共有財產，居民希望看到城市沒有二手菸的樣子，就不能只期待他人或企業的同理心，法律政策也必須與時俱進，有效實行，不然一切只會淪為白茫茫的空想。澳門禁菸法若是掛羊頭賣狗肉，那澳門人就只能自求多福，祈求這座賭城終有一天變得有所謂「文明觸覺」，明白因尼古丁而來的經濟繁榮，不過此恨綿綿的過眼雲煙。

二〇一四年六月

時代的照妖鏡

時代的照妖鏡

父親每次買完菜回家，總是帶回一堆硬幣。日積月累，沉甸甸的十二邊形五元、大小剛好的圓形一元、輕便但不失質感的五毛錢（廣東話稱「五毫子」），以及輕薄得難拾起的一毛錢硬幣，就這樣在家中堆積如山。

那時候，有大量硬幣還不是甚麼煩惱事。開茶餐廳的親戚們需要大量輔幣，都直接跟我們家換，省掉銀行手續費。

那小小的不反光的硬幣，隨著經濟變化，或被改良或被淘汰，最終成了時代的照妖鏡。仿效香港的十元、兩元和兩毛錢澳門硬幣，是比較快被人們棄用的一批。多套了一個圓環的十元硬幣，不適合用來封紅包，又沉重累贅；八邊形的兩元和十二邊形的兩毛錢硬幣，又因為手感和五元及一毛錢硬幣相似，極容易被混淆。

我們這些成長在澳門的八〇後青年，親歷兩次因改朝換代而來的貨幣大翻身，學會快速分辨硬幣，就像學會開車游泳那樣成為求生技能。首先是在澳門通用且經常混用的港元硬幣，由女皇頭換成洋紫荊；然後是澳門硬幣上的龍、雙魚、福祿壽配葡國國徽，換成澳門的名勝景點。回歸前後兩年，大家都忙於花掉這些快將失效的硬幣，在翻天覆地的改變中不免更加徬徨。回歸十年以後，還有些商家偶爾魚目混珠地用回歸前的葡幣來找續，取巧的市民則在坐公車時偷偷把舊幣投到收銀箱去。

我想我是多慮了，人總是有辦法花掉不見得光或失效的錢財，尤其在澳門這個財富累積和蒸發速度貼近光速的地方。近年商人大力炒賣紀念鈔和舊幣，大家反而留著澳葡時代的硬幣捨不得用了。手提電話普及，投幣式公共電話亭近乎明日黃花，加上公車和停車場鼓勵使用儲值卡，硬幣需求急速下降，變成眾人避之則吉的東西。

一個人要是只用指頭就能快狠準地分辨出該地的硬幣，就是真正熟悉一座城市的時候。在多倫多留學之初，我努力逼自己像打麻將自摸般，把加幣摸出個所以然來；在外國旅遊購物，間或索性手掌一攤，請收銀員幫忙挑走合用的硬幣。自助洗衣間大概是最需要硬幣的地方之一，因此外國洗衣店往往配備硬幣兌換機，我是多麼希望澳門有些硬幣兌紙幣機啊，這是技術上完全辦得到的事。

出門旅行，最怕帶回來一堆外國硬幣，花不掉，又換不了。試過收到台灣編輯代領的稿費，他們因為之前來澳門旅遊，剩下一堆澳門硬幣，於是在台幣稿費中混進幾個澳門硬幣給我。也不怪他們，誰叫澳門幣的使用範圍僅限於這三十平方公里呢？

近年澳門因為賭稅收入豐厚，熱錢亂竄，旅客說澳門一身銅臭，不是酸葡萄的氣話。澳門的確金錢圍城——被流通性甚低的澳門紙幣、硬幣所困。

硬幣反照的世情

在澳門的小店，經常可以看到收銀處貼著告示：「本店不接受一千元港鈔」；「港幣、澳門幣、人民幣同價」。前者是因為偽鈔不斷，後者則想賺匯率差價。做生意，利潤為先。理解。無妨。

到街市買幾隻蝦子，「十九塊九毛錢。」我掏出一張二十元紙幣，外加一個五毛和四個一毛硬幣。街市買魚的大嬸霸氣嗆聲：「一毛錢，我可以給你，但你不能給我。」「為甚麼？一毛錢是法定貨幣，法律規定除非我硬塞給你一百個，否則不能拒收。」「你要不就給我十九塊錢，一毛錢早就沒有人要了！」

用硬幣用得充滿憤慨和罪惡感，大概是澳門人近年的「新常態」。一毛、五毛，乃至一元、五元，只要是用硬幣支付都經常被老闆店員罵，哪怕只是給他們一兩個。職員會說：「我們不收『大餅』（硬幣）。規矩是老闆訂的，您就別為難我了。」就是店規大於法律的意思。

為何店鋪拒收小額硬幣？澳門所有銀行（包括發鈔那兩家），對硬幣兌換紙幣收取高昂得離譜的手續費。面額小的硬幣不值錢，兌換花錢費時，大家都避之則吉。

澳門人因為硬幣而起的爭執，畢竟只是言語上的磨擦和臉色上的不悅，沒有羞辱或欺負別人的意思。但在熱愛報導民生亂象的台灣，經常有老闆用幾十公斤硬幣發工資給離職員工的新聞。這種用錢刁難他人的做法，比起大陸土豪用一百元紙幣鋪成紅地氈迎娶新娘要惡俗多了。兩岸四地使用的貨幣不同，反映出來的世態也有駭人的差異。

唯有超市和麵包店，有時候會行行方便。所以當收銀員說「沒關係，我們收一毛錢」時，我都感激得想要給他們小費了。這些俗稱「神沙」的小額硬幣，連扭蛋機、遊戲機、自助汽水和郵票售賣機都不收，銀行就不能弄一個硬幣專用的捐款箱子，聚沙成塔，兌換成紙幣後捐給慈善團體？

尊貴的議員大概都是信用卡和公款吃喝人士，不太知道民間疾苦。澳門需要的不是香港的收硬幣車，而是一個硬幣換紙幣不應強加手續費的監管機制。要是誰可以放下冠冕堂皇的話語，腳踏實地處理好這類民生小事，我的心裡已經投他／她一票了。

很可惜，這種「只能接受不能拒絕」的霸權思維和行事邏輯，時常在政府施政中出現。以至讓我在澳門購物時，偶爾有一種走進《教父》電影的感傷。

二〇一五年五月二十八日

公廁革命

在澳門中區一間四川酸辣粉店，一個中學生急急忙忙跑進來向店家借廁所。「這個也拿去用吧！」店家匆忙塞給他一卷衛生紙，那人急得來不及道謝便關門辦正事。倒是同行的小夥子懂事：「真不好意思！是新開的店喔？下次我們帶同學來光顧試試。」「小意思，誰都知道這附近公廁不好找。」

旅客若單靠一般的澳門旅遊地圖或路上的公廁指示，恐怕人有三急時會甚為惶恐。澳門人心中，其實都有一幅廁所地圖，但不見得都是正規公廁。澳門公廁的潔淨和普及度，算不上能傲視大中華地區，幸而小型博物館、圖書館、展覽館、世遺建築星羅棋佈，街市、社區中心不乏盥洗室，退而求其次，好歹還有連鎖快餐店、商場和百貨公司的廁所救急扶危……這些當然都不會在路標中標示。一幅「澳門洗手間地圖」，還得靠本能、直覺、推理、經驗、口耳相傳，才能逐步在心中成形，猶如狡兔三窟，公共衛生間也是增加城市安全感的一個經常被忽視的因素。

有趣的是，澳門賭權開放後，豪華賭場和高級餐廳大量湧現，廁所也幾乎是軍備競賽般一家比一家奢華，女生化妝間的雲石地板、名牌洗手液和護手霜、絲絨沙發和高級擦手紙，讓人眼界大開，幾乎成了指定參觀行程之一。

廁所的潔淨度，在八九〇年代，一直和文明、現代化、富裕等單詞掛勾；千禧年後，除了環保被納入公廁設計（如乾手機設計的進化、感應式洗手設備、環保擦手紙及再生紙廁紙），性別平等議題越來越受大衆關注，公廁規劃也要考量人權，諸如男廁和女廁的比例、殘疾人士專用廁所、家庭用廁所，乃至母乳餵哺者要求增設哺乳室或有權在公衆地方餵哺，拒絕讓嬰兒在髒兮兮的公共廁所「用餐」。最近美國的跨性別人士廁所議題更是沸沸揚揚，美國總統歐巴馬簽發指令給全美公立學校，明訂校方必須讓跨性別學生依個人意願選用洗手間，不能規定他們必須按生理性別使用公廁。在民間多番爭取下，澳門的母乳餵哺室也日漸普及了，可是男女廁比例依然失衡，女廁門外終日大排長龍的「盛況」時而有之。

就連惡名昭彰的大陸公廁，也悄悄想把革命進行到底。北京早在一九六五年已提出要搞「公廁革命」，可惜成效不彰；近期開展的「第五次公廁革命」，規定新的公廁須增加廁格面積及廁位，通風設施要升級成有除臭功能，並加裝兒童小便器、無障礙衛生間等。新建或改建公廁須加裝排風系統，保證廁內冬天溫度不低於攝氏十二度、夏天不高於攝氏三十度。乍聽起來還挺雄心壯志的。公廁的自動沖水設計在大陸機場也很普遍（當然，失靈也是常有之事），但誰都知道，硬體還是其次，重點是使用和維護的人。

小小廁所，足以成為都市競爭力、人權狀況、性別平等、文明公德、環保觸覺之總體縮影。日本的廁所文化讓全球旅人大開眼界、趨之若鶩，澳門想要成為真正的宜居之城和世界旅遊休閒中心，還得在公廁設施上加把勁。

二〇一六年六月十七日

人是街頭最美的風景

如果台灣最美的風景是人，澳門最美的風景，大概是西式建築。仔細看的話，人也是澳門一道獨特的風景線。

我所指的不是稀有動物般的街頭賣藝者，也不是日漸式微的流動小販，更不是在街上拿著聖經向你問好的傳道人，而是戶外傳銷從業員。

數年前澳門經濟大好，自助餐和放題大行其道，多了肚滿腸肥的胖子，自然又多了在路上派發減肥傳單的人。針對性地派發減肥傳單未免傷人自尊，就連平日想要幫忙減輕街頭臨時工工作量的行人，也不好意思主動伸手去取。後來業界學聰明了，改派所謂的「健體教練」做街頭問卷調查，以至每次我經過水坑尾天橋底，都會在心裡默念兩遍：拜託！拜託千萬別跟我推銷纖體療程。然而減肥顧問總是在茫茫人海中盯上我：「小姐！妳長得很勵志，能加入我們成為教練，一起幫忙那些無助的肥胖人士嗎？妳的成功減重對他們而言是完美的楷模和激勵！」

互聯網宣傳普及，加上環保意識，澳門的街頭傳單愈發罕見，加上近年人力資源緊張，連免費報紙也改為指定地點自取了。和香港不同，澳門人多地小消息靈通，宣傳渠道並不多元，除了在最主要的那一份報紙賣廣告，一般中小企很少投放資源做推廣，根本沒必要花錢去派發印上宣傳廣告的免費紙巾；也不像北京那種汽車大城，常有賣命的老嫗小童，在大馬路上向等交通燈號的駕駛者派發樓盤廣告單。

有趣的是，澳門傳銷工作者的活動範圍高度集中，而且有驚人的清晰分類。水坑尾公車站附近，向來是傳單派發者的兵家必爭之地，鄰近多間中小學和市中心，傳單內容以補習社和針對辦公室白領的健身中心為主；中華廣場和大西洋銀行大廈附近，是眾多民政部門的辦公地點，人流暢旺，地下入口處終年可見十數個保險經紀在攬客；賣草地是通往著名景點大三巴牌坊的必經之路，遊人如鯽，充滿各式食店五彩繽紛的流動指示牌，一臉倦容的中年婦女和兼職學生，在鬧市面無表情地舉著廣告牌招徠客人，還有在炎炎夏日也要穿著卡通造型套裝賣萌的人肉廣告。最吸睛的當然是港澳碼頭出入口處，即便是寒冬時節，穿著賭場短裙制服的少女一字排開，拿著指示牌、傳單或優惠券，笑意盈盈指引旅客乘坐開往賭場的穿梭巴士。

依戀街頭的不見得都是靠街吃飯，生活偶爾也會把人逼上街頭。話說回來，如果台灣最美的風景是人，這風景中還有世界聞名的台灣民衆頻繁上街示威的身影，那是表達意見的自由之美。在澳門，任何在公共地方進行的公開影演項目都須提前申請准照，賣藝者想在街頭即興表演討點打賞，極容易引來警察介入控告噪音擾民。演默劇扮雕像一聲不響行了吧？嗯，很可能會被控阻街呢。

打造更美的澳門街頭，不能只靠掃蕩遊民、豎立公共裝置藝術或標奇立異的前衛建築。想要一個城市具有活力，不是杜絕街頭工作者，視之為和諧秩序之城的洪水猛獸，而是如何在放任與規管中取得平衡和默契，讓這些街角疲憊的身影，得到起碼的尊重和掌聲，反過來讓城市的街道更具創意和活力。

二〇一六年六月二十八日

輯二

這一代與下一代

運動作為一種社交

運動作為一種社交，是人所共知的真理。那是陌生人的搭訕話題，與同事或客戶的談資，朋友間的聯誼……小至生意人的高爾夫球聚會，大至七〇年代乒乓球協助中美關係破冰、少棒世界冠軍撫慰台灣的外交挫折。

我認識的台灣人，不論男女老幼，談起棒球總是目光如炬，不僅對台灣棒球史瞭如指掌，對不懂棒球者如我，更有著傳道人般的積極與耐性。在坐飛機或開車途中，台灣友人反覆考核我的棒球知識，一有機會便拉我到電視機前看棒球賽事轉播，嚴冬季節也不忘帶我到室外練習投球；他們不覺得棒球是男性的專屬玩意，立意把「棒球魂」移植到我的身體裡面。有了和沉迷棒球的台灣人相處的經驗，我到多倫多念書時，很容易就和藍鳥的球迷打成一片，更不難理解加拿大人為何把冰上曲棍球看成國家的驕傲與尊嚴。

運動的社交意義之一，是見解的分享，如戰況分析或賽後總評。這種分享，在澳門有更功利的效果，過往年滿十八歲便可到投注站合法下注賭球，高中男生們經常在課餘時間討論投注計劃，在女生面前分析得頭頭是道，卻只當她們是聆聽者或啦啦隊員，不是見解交流的對象；他們認定女生只在乎球星的樣子，根本看不懂戰術和技巧。

運動的社交意義，也包括時尚，如通宵排隊搶購的ＡＪ籃球鞋、貝克漢當季的髮型、馬球場的女士帽子秀。澳門沒有像台灣那樣熱烈的棒球文化，葡萄牙殖民者卻帶來跨越六十載、陽剛味十足的格蘭披治大賽車風尚，然而媒體鏡頭追逐的，並非賽車手的英姿，更多的是戰車旁穿著火辣的模特兒，以及風情萬種的女明星們參加「明星盃」房車賽時飆車失控的樣子。

運動的多重社交意義中，最被渲染的是男女關係。近日各大媒體排山倒海推出所謂「世界盃女生行為指南」，包括「請謹記今年英格蘭隊已沒有貝克漢」、「不要說今屆世界盃你看好皇馬奪冠」，以及「女主人該如何為上門看球的客人準備養生零嘴」等等；繼而老調重彈平日男生陪女生逛街的百般無奈，所以請女生對男友的棒球閃卡收藏癖及Fantasy Game（夢幻隊伍）的不解閉嘴。這樣深具偏見的偽命題，根本不打算提出有意義的疑問或答案。

「世界盃女性十誡」提及，男性球迷最討厭女友詢問「越位」的足球規則；卻不知道電影《越位》中反映，伊朗女性冒著被懲罰的危險、喬裝成男性試圖到現場觀賽的殘酷現實。當全球為男子世界盃狂熱，取笑女性缺乏運動知識，卻無視女性的運動、社交權利其實得來不易。長期以來，許多回教國家的觀衆席都是男性的領土，伊朗在二〇〇六年才解除女性不得在現場觀看男子運動比賽的禁令，但至今仍禁止可同時招待男、女性的戲院或公共場所直播世界盃賽事。

運動精神源於對超越個體極限的嚮往，卻沒有使臉譜化的兩性關係急速變化。運動作為社交這一基本權利，真的是普世共知嗎？世界盃琳瑯滿目的時尚指標和規則誡條，恐怕還抵不上性別平等的「掃盲指南」來得重要。

二〇一四年六月十九日

霸凌

近期上映的台灣片《寒蟬效應》，改編自真人真事，二十三歲的女大學生遭受音樂系教授性侵，漸漸演變成不倫的師生戀，結果一宗搬上法庭的性霸凌事件，不但展現了通姦罪刑事化的灰色地帶，還揭發出學院的共犯結構，以及社會無孔不入的霸凌本質。

常言道，有人的地方就有江湖。校園、職場、互聯網，盡是各式各樣的欺侮。「霸凌」二字，也總在我的字典中揮之不去。小學被女同學排擠，中學被男同學騷擾，更不用說在弱肉强食的社會工作，遭受各種在明在暗的肢體挑釁或言語羞辱。尤其是女孩子，被教育成不想被欺負，想要和男生平起平坐，就必須成為强悍的女强人，用行動證明自己不是盞省油的燈。

世人以為霸凌者只是一時衝動，其實人總是為自己的行為尋找合理的藉口，童年陰影、中年困境、婚姻平淡、生活無趣、性成癮、被誘犯罪全是行動的理由；但真正給霸凌者壯膽的，往往是法律制度、社會風俗和公眾輿論的偏頗滯後。

在印度，輪姦案無日無之，源於社會價值觀對性罪行的漠視和縱容；在澳門，非禮罪至今仍不屬刑法，司法機關只能以屬於私罪的「侮辱罪」提出檢控，事主報案後要自行花高額金錢聘請律師，事情往往不了了之。

更多時候，霸凌者掛著好人的面具或無辜的表情，甚至連正在霸凌別人也不自知，以為自己的小動作，是和惡勢力周旋的勇舉；施予一點教訓，是幫助他人成長；不知道自己有意無意散播的流言蜚語，聽在別人耳朵裡很受傷。

當我像電影中的女主角白白一樣，還是大學新鮮人的時候，經常看到我暗戀的男生和隔壁的女同學在宿舍大樓前，依依不捨地聊天。有天我終於按捺不住，隨口和友人說了一句：「他們應該是在交往吧。」其實那是一個八卦的疑問句，也是酸葡萄心理的表現，説完我也忘了，找別人談其他的戀愛去。結果有一天，那位女同學跳樓自殺了，原來一直强顏歡笑的她，很長一段時間把生活上滿滿的煩惱深藏起來，好不容易找到一個可靠的傾訴者，卻又無端遭受流言之苦。我沒想到語言本是一堆廢鐵，卻在不斷傳遞的過程中，被人群打磨成一把利刃，在別人痛苦的治療中割上一刀。很長一段時間，我變得沉默寡言，努力和世界絕緣，驚訝於語言的霸凌是那麼容易，那麼具毀滅性。

霸凌是一種展現權力的行為，二十一世紀的女性要打破社會上各種約定俗成的不公和潛規則，談可容易。二〇一四諾貝爾和平獎頒給了十七歲的少女馬拉拉，表揚她冒死爭取女性教育權；但現已享有教育權和工作權的地方，女性還要重複多少次悲劇，才能得到真正公平的人身自由保障？社會上普遍存在的「寒蟬效應」，讓大多數人會說，霸凌者或被霸凌者自作自受，與我無關，卻忘記撫心自問，自己是不是沉默的共犯。

二〇一四年十月二十三日

魯蛇、鸚鵡與寒蟬

魯蛇、鸚鵡與寒蟬，是生物鏈中三種奇異的物種。

魯蛇（loser），不是指失業、低薪、交不到女朋友的所謂「人生敗將」，也不是失敗的挑戰者，而是因怯懦而拒絕一切的人。面對社會不安和貧富差距，魯蛇們先把自己低到塵埃裡了，嘲笑自己和嘲笑別人成了語言狂歡，既然一無所有，就不怕躲在互聯網的浮光掠影中，做一個與世界為敵的流氓。有些魯蛇終日在公共空間開黃腔，甚至對廈門大學教授性侵案、澳門大學教授性騷擾事件的受害者落井下石。

鸚鵡則堅信反覆喊出口號，世界就會改變，正義自然得到彰顯。邏輯嚴密的思辨不要緊，建設防範性的制度不急切，表達本身比表達的內容更重要。他們把自己當作擴音器或留聲機而不自知，他們相信拆掉一座違章建築，天天上街抗議，事情就可以得到完美解決，悲劇就不會重演。

所有沉默的大多數，幾乎都是寒蟬。我念高中的母校依山而建，夏天蟬聲如海浪，但只要近距離對它們大喝一聲，蟬聲便戛然而止，直至其中一兩隻復又大膽探試。這時候，體育老師會抓起排球，對準那些出頭的蟬兒，逐一把它們行刑式地擊殺了。

每當老師們展示那些死屍，總讓我們沉默無言，他們當中，有些雖有性騷擾學生的惡名，卻沒有人敢出來指證，部分學生甚至懂得適當地利用青春的「本錢」混過考試。那是我人生頭一回，學會甚麼叫「寒蟬效應」。

藍營綠營、占中與反占中、愛國與不愛國、22K與人生勝利組，在凡事只有「大是大非」的邏輯下，立場被迅速標籤處理，還來不及思考就必須表態，我們每天自願或不自願地上演比卡夫卡筆下更荒誕的「變形記」。當一條自我感覺良好的魯蛇，或一隻只懂應聲的鸚鵡極其容易；當第一隻打破沉默的蟬兒，卻需要極大的膽識。抗爭者之所以值得敬重，不只是為了成全更好的自己，而是在不屈不撓追求公平正義的過程中，給予別人跨出保護罩的勇氣。

馬丁・路德金說過：「到頭來，我們記住的，不是敵人的攻擊，而是朋友的沉默。」不是每個人都那麼幸運，整天有良師益友在身旁團團轉；不是每個地方，都有人模人樣的精神領袖講有建設性的話語。尤其當書本、電視變成洗腦工具，街頭、議會變成民粹戲台，黑暗中的電影雖不能改變現實，但也許可以改善我們看世界的方式。

借用電影《寒蟬效應》的一句台詞：「改變不會容易，真相讓人痛苦。但只要相信，我們就有機會做出改變。」離開戲院回到現實中，往往有兩種結局：一是變成柏拉圖筆下那個逃出又折返的洞穴人，在試圖說服同伴們甚麼才是真實世界之時，卻被人們以妖言惑眾的罪名滅口了。又或者像電影裡那些為正義抗爭的女性，不合時宜地做冬天裡鳴叫的蟬兒，在一間有著隱形出口的鐵房子，用陽光喚醒那些夢遊的鸚鵡，和裝睡的魯蛇們。

二〇一四年十月三十日

痛愛論

「喜歡你讓我下沉／喜歡你讓我哭／
能持續／獲得糟蹋亦滿足……」

北京的錢櫃KTV裡，我和L唱著容祖兒的《痛愛》。L在間奏中，突然幽幽地說，她的高中老師對這首歌恨之入骨，不明白為何越不經大腦的大眾文化，越流行越深入民心。

那是十年前的事了，當時我們初出茅廬，在戀愛的天平中不知道如何放置自己，搞不清包容、自私、諒解、決絕、情趣、屈辱的出場順序，任何濫情的東西都可以輕易說到心坎裡去。

那時候，遭受過家庭暴力的蕾哈娜和饒舌歌手阿姆，還未推出火熱單曲《愛你的謊話》；全球大賣的性虐小說《格雷的五十道陰影》，還沒有橫空出世。我們一邊在家裡播著周杰倫哼哼哈哈的《爸，我回來了》，一邊被日劇韓劇裡時而小鳥依人、時而永不妥協的女性形象搞到精神分裂，舉棋不定要把阿信大長今還是野蠻女友當成學習楷模。然後，我們回頭看看家中的母親和她的婚姻，暗暗決定變成甚麼人都可以，只要不囿於所謂的「三從四德」，不重複她「打落門牙和血吞」的人生。

成為女強人就不怕被欺負了嗎？我不禁想起作為一家之主的母親。我從小羨慕母親的凌厲和氣場，她讓我看見女權主義的可能。然而重男輕女的她，常常有事沒事對我一頓打，她說將來我為人母了，自然明白甚麼是「痛愛」。表弟妹那時候常來我家補習，九歲的我就拿他們做「痛愛」練習。直到我哥忍不住說：「你知道嗎？你罵他們的對白，揮動棒子的姿勢，跟媽一模一樣。」一言驚醒，家暴原來是世上最可怕的惡性循環。

家暴可以是肢體、精神、經濟或性方面的暴力，現在的小孩都會說「我受聯合國《兒童權利公約》保護！我打電話去警察局告你！」，保護被家暴婦女的機構也陸續誕生，《家暴法》正在澳門立法會細則性審議……我們終於能丟掉「打者愛也」那塊又臭又髒的裹腳布了嗎？

日前有澳門立法會資深議員在討論《家暴法》應否公罪化時，大力鼓吹「痛愛論」，直言「打者愛也」、「打得不痛不快樂」、「老公罵老婆，老婆不頂嘴就不會打她」、「婚姻裡不存在性侵犯」。感謝他的坦白，讓我們驚覺從大眾文化上推到政治層面，男女平權，還不過是以愛為名的謊話。

大眾文化告訴你的，不是法律人權，而是生存法則——「撒嬌的女人最好命」、「低調聽話的女生才可以嫁給董事長」。八九〇年代的電影電視劇推崇的那種義無反顧的愛情，早已了無影蹤；「如何釣上金龜婿」、「怎樣馴服霸道總裁」，才是當下最流行的影視題材。它也告訴你，「清官可以審家庭事」，看倌不知道大陸《金牌調解》的綜藝節目有多火紅嗎？大家最愛看夫婦上節目哭訴翻臉，然後大團圓結局。

我們可以輕易聲討一個失言的官員，然後繼續在「痛愛論」泛濫的大眾文化中，哼唱朗朗上口的洗腦「神曲」，回味愛情小說裡「為愛勇敢」的廉價金句。是「勇敢忍耐」還是「勇敢站出來」？充滿民間智慧又被媒體操控的大眾文化，沒有給予答案。更甚者，許多人並沒有打算尋找答案，只是一再重複「痛愛也是一種愛」、「家醜不出外傳」這種老掉牙的庭訓，把這塊「性別裹腳布」當作家傳之寶，一代一代傳承下去。

二〇一五年一月二十九日

成家

春節，是一年中最讓人想念「家」的時節。然而除夕的家族團年飯，對未婚者是一種精神磨難。長輩總是苦口婆心地說：「年紀不小，成家吧，明年該到你給我紅包，別把整座城市的初婚年齡都拉高了。」

對於連聽到自己的小孩跟大陸人或外國人交往都要皺眉頭的長輩，要怎麼說服他們接受同性婚姻或不婚的伴侶制？在如此喜氣洋洋的場合，未婚者只好保持微笑：「是的是的，快了快了。」

成不成家、甚麼時候在哪裡成家、和誰成家、成一個甚麼樣的家，我們到底是真的心裡有數，還是只敢敷衍父母原地踏步？如果成家，是強加予他人最大又最一廂情願的祝福，那麼為何當別人真想「成家」，而且是「多元成家」的時候，有些人卻後悔了，希望奇蹟出現，或寧願他／她孤獨終老。

去年年底，我在美國佛蒙特認識了不少同志作家，我們一起聚餐、工作、聊天、喝茶、打牌、上健身房，他們當中有的遠道從台灣過來結婚，有的人工受孕誕下孩兒。對於我這個只要一周時間，就可以把一間宿舍或酒店稱作「家」的人來說，他們或她們爭取成家的過程太讓人好奇了。

沒想到農村般的佛蒙特，居然是美國第一個以立法方式准許同性婚姻的州分；更讓我驚訝的是，同志們不輕易被別人的好奇所冒犯。他們的淡定不但來自法律的保障，來自突破歧視的社會氛圍，還在於他們的決心——精彩過活，就是最好的捍衛和宣揚。他們言談間散發的，不是同志大遊行那種譁眾取寵的驕傲，而是自尊、自信、自重。接著我去了有「世界同志之都」稱號的舊金山晃蕩一周，難以想像多少前人的努力，才換得一座城市對同性戀者的從容。

上世紀二〇年代，婦女解放、戀愛自由、新式成家（報刊徵婚、同居、新式妾）方興未艾，甚至出現號稱「現代中國第一次愛情大辯論」，連魯迅、周作人也忍不住來湊熱鬧。當中的靈魂人物張競生倡導之「愛情四定則」更是筆戰重心，他花那麼多唇舌，為的是「使人知道夫妻是一種朋友，可離可合，可親可疏，不是一人可專利可永久可占有的。希望此後，用愛或被愛的人，時時把造成愛情的條件力求改善，力求進化。」

九十多年後的今天，因「愛情」和「家庭」而引起的激辯仍未有休止的勢頭，香港知名藝人紛紛出櫃，成立「大愛同盟」；台灣「多元成家草案」掀起社會大辯論。在恐同情緒瀰漫的澳門，「婚姻平權」連一個概念或詞語都不是，首個「同性民事結合法案」，在僅有一票贊成下遭立法會否決，理由是太超前了。

世上再激烈的革命，都比不上家的革命。世人找不到藉口反對或規範愛情，但可以找到一百萬個讓成家單一化的理由和方式。當時代的接力棒交到面前，我們何不鼓起勇氣接過任務，為別人為自己，力求改善和進化成家的條件？還是像過去一樣，必須等別人跨完欄杆衝過終點，我們才敢慢慢走向起跑線？

二〇一五年二月十九日

當身體就是戰場

作為作家，我最不喜歡聽到的，是前面加上「美女」二字，彷彿我是賣臉的，作品不值一提；作為員工，我最痛恨的，是客戶在飯宴上對老闆擠眉弄眼地說：「整天有美女下屬陪著真好。」好像我的工作能力，遠遠比不上我身體的價值。

聽到這類的「讚美」，我感到被冒犯、羞恥和憤怒。不是厭惡世人把美女的標準降得那麼低，不是因為我是天生美人胚子聽膩了。一切剛好相反。

念幼稚園的時候，我很喜歡穿連衣裙，後來有人誇我穿得漂亮，我居然羞恥得十多年不願意再穿裙子（除了上學必須穿校裙以外，那又是另一個冗長刻板的性別意識形態故事了）。不只對追求美的身體感到羞恥，在澳門這個空間狹小眼光緊湊的小城，我甚至連在路上抬頭挺胸也感到不好意思。

放眼看去，「比自然更自然」的「裸妝」，紅了十年還是大熱；各種經歷大整容微整型的女明星，依然强調自己天然去雕飾。大家都在努力掩飾對自己身體的不滿意。社會把不打扮的女性，歸類為不思進取、自暴自棄，因為這還是一個看臉的世界。那麼，女性如何在自我愉悅的同時，能不隨波逐流，不為約定俗成、單一的「女性」定義推波助瀾？

且聽「五四純情派玉女掌門人」、作家冰心在她的《夢》中是怎樣說的：「在眾人中間坐著，是要說些很細膩很溫柔的話的；眼淚是時常要落下來的。女孩子是總有點脾氣，帶點嬌貴的樣子。」冰心是福州人，與閩南地區文化相近的台灣女生，不知道還聽不聽得進去老奶奶的遺訓？香港的許多女生是聽不進去，卻又聽進去了。被喻為「公主病」進化至「公主癌」的「港女」，「有脾氣」、「嬌貴」以外，還有「自戀」、「拜金」、「媚外」等多項「罪名」。

那麼面對色情行業氾濫的澳門女性，又有甚麼樣的兩性觀？最新的《澳門婦女現況報告（2012）》，訪問了一千名十五至七十四歲的婦女。結論是儘管澳門的「性別不平等指數」（Gender Inequality Index）位居全球前十，性別平等的總體狀況比中日韓要好得多，但超過六成受訪者還是認為「男性應該是家庭的經濟支柱」、「女生嫁個好老公最重要」，半數人甚至同意「女性天生就應該由男性保護」。

女孩要有「女孩的樣子」，和男孩要有「男子漢的模樣」，對兩性其實都是一句緊箍咒，可怕的是聽過的人決心代代相傳，並不加思索地互相監督。在我看來，當代女性真正的困境，不是男性明刀明槍的壓迫，而是女性的圍困與自困——既追求公平，又渴望特權；一方面想成為揚名立萬的愛麗絲，又希望王子自動自覺來屠龍和拉椅背。這種性別角色的投機主義，將永遠無法換取對手的尊重，無法贏得真正的自由，只會沒完沒了的，把戰場拉回到女人的身體。

二〇一五年三月十二日

當信任喪失的時候

奧罕．帕慕克的長篇小說《純真博物館》，花費大量篇幅描寫男主角凱末爾和情人芙頌幽會時所體會的「幸福」。在訂婚派對上，他那個被蒙在鼓裡的未婚妻茜目爾，還一邊傻呼呼地應酬「小三」，一邊對著大廳裡的來賓慨嘆：「在這麼多人裡面，不知道有多少人，在為愛情、婚姻，甚至是性忍受痛苦。」

不是處女，很大機會被未婚夫嫌棄，以致婚前做愛，成為伊斯坦堡不論上流社會抑或低下階層的女性，都必須經歷的掙扎。做愛，首先是信任、勇氣和現代的表現，其次才是欲望和愛。

伊斯蘭社會對女性童貞觀的執迷，對華人社會來說並不新奇，在西化和性開放的台灣也不是甚麼天方夜譚。「你可以接受未來妻子以前跟幾個人睡過？」「不超過三個吧，再多就髒了。」在台北某個咖啡店裡，我忍不住聽到旁邊一男一女的對話。女孩臉上，掠過一抹憂鬱。

台灣人對情欲的坦白，有時著實讓我吃驚，飯桌上用第一人稱講述的各種背叛、欺騙、無往不利、沾沾自喜，彷彿天地風雲皆不可信，只能以身體為浮舟，是茫茫欲望之海中唯一的真實。台灣報刊設有的「情欲犯罪」新聞，有一陣子我幾乎是每天追看，那是比偵探小說更鬥智，比政治更赤裸，不用馬賽克的浮世繪。

我的澳門女性朋友們對婚前性愛的謹慎態度，和伊斯坦堡的回教女性不遑多讓，意外懷孕、始亂終棄、丟臉吃虧的恐懼，始終籠罩著她們。但這十年來的澳門，風生水起，青年經濟獨立，租房同居，無奈性教育缺乏，二十歲剛出頭的男性親友中，十個人裡總有兩三個把女友肚子弄大，被迫早早結婚。

婚前守貞，不代表必然換來婚後忠貞。兩岸四地均實行一夫一妻制，唯獨台灣保留「通姦罪」。在澳門，婚外情並不構成任何刑事犯罪，只能以違反夫妻間的忠誠義務為由提出離婚訴訟，因此澳門的太太們巴不得引入台灣的「妨害家庭及婚姻罪」，作為維護家庭的金鐘罩。做妻子的不能像大陸人那樣，在街上扒光小三的衣服，大庭廣眾摑她們耳光洩憤，但至少可以用法律討回尊嚴和公道。

問題是，刑罰真能避免背叛、挽救婚姻乃至促進性別平等嗎？看看台灣島內多年來有關「通姦」除罪化的爭論便知道了。

世上沒有比絕望中的女人更危險的生物，尤其當信任喪失的時候。電視劇最愛描繪復仇女性，新聞花絮最愛述說妻子如何割下外遇丈夫的生殖器拿去餵狗。澳門報紙甚少有這樣的花邊新聞，但賭城霓虹燈的映照下，家破人亡的故事如同井噴，離婚率升幅令人咋舌。多少夫婦因為賭博和借貸，感情破裂，然後又只能諷刺地用金錢彌補傷害。

女人和男人，同樣需要安全感，但她們最大的誤會，是以為安全感都是別人給予的，而不是靠自身努力獲取；以致當兩性關係失去信任的時候，我們和伊斯坦堡的女性同樣不安，只能把法律看成災難中的救生圈，甚至為了金錢和顏面，忍氣吞聲地繼續廝守。

二〇一五年四月二十三日

哭爸

「白目」和「哭爸」，是台灣人最常在我面前說的兩個單詞。前者看字面就懂，後者，要哭過才算真懂了。

我對台灣的喪葬文化並不熟悉，只在大除夕的台北守過夜。父親過世，台灣好友來澳門幫忙，說這裡的習俗比台灣「文明」多了。澳門的喪葬文化不用守夜念經，遺體不能從醫院接回家，不像台灣電影《父後七日》那樣誇張，沒有戴著麥克風的專業哭喪女，不用擲筊請示半天，頭七尾七等法事在葬禮上一併完成，就連紙錢兒的元寶式摺法，也比台灣的蓮花式摺法簡單快捷。非常符合都市人的生活節奏和經濟效益。

話雖如此，不是過來人，不知道當中的荒謬。道士和親戚你一言我一語，要我時而披頭散髮，時而唱戲般哭爸，叫我在來賓前流點眼淚比較「好看」，忍受帶有嚴重性別歧視的排位順序……濃濃的鄉土味揮之不去。

澳門人的喪葬傳統，看似文明簡潔，其實澳門歷史上不少大型衝突都和喪葬有關。一八四九年，澳葡總督亞馬留强行在華人聚居的關閘一帶毀墳開路，沈志亮等人攔路刺殺總督成功，葡萄牙軍隊武力還擊，清兵傷亡慘重。近年鬧得滿城風雨的「墓地門事件」，正是政府高官涉嫌在回歸過渡期間，瀆職向家人批出早已禁止買賣的永久墓地。

地小人多的澳門，好像走到哪裡都有墓地，葡人墓碑尤其設計精美，碑文資料詳盡，留下不少殖民地記錄，乃至「墓園遊」，變成另一種澳門深度遊的方式。我曾陪過好幾個外地詩人去尋訪葡萄牙象徵主義詩人庇山耶的墓碑，不少朋友甚至在午休時間去墓園靜思散步。澳門星羅棋布的教堂，乃至地標「大三巴牌坊」背面，至今還藏著不少信教者的骸骨。

「事死如事生，事亡如事存，孝之至也。」喪葬文化，和城市格局、人情世故、宗教風俗、殯儀產業、器官捐贈風潮等密不可分，細微至使用傳統還是電子輓聯，都可以輕易傷透家屬的心。同樣面臨墓地短缺問題的香港，政府近年卯足全力推廣海葬、花園葬、樹葬等新式殯葬，業界計劃將工廠大廈改建為私營骨灰龕，提供五星級管理服務，並試圖引進至同樣寸金尺土的澳門。

孝是非常沉重、毋庸置疑、無從辯駁的負荷。魯迅學西醫，對愚昧的傳統恨之入骨，還不得不為著父親的離世，聽從巫術的指點。他在〈父親的病〉寫道，當年因為聽「精通禮節」的衍太太的話，不斷高喊「父親！」，讓父親在吵鬧中嚥了氣。「我很愛我的父親。便是現在，也還是這樣想。」那個回聲，夾著無限悔意，貫穿了魯迅的一生。

世人以為與文明相反的，是瘋癲，但在當代華人社會，它的對立面有時是演藝化的孝道。古代的繁文縟節，為的是維持封建社會的秩序；當代為的，不過是生者的顏面。把父母丟在養老院，到他們死後才去哭喪的「孝子」太多了，以致葬禮上强擠出來的眼淚公升數，對生者死者都近乎是殘忍的羞辱。

二〇一五年四月三十日

巧言令色與顧左右而言他的性教育

「你可以說他們的思想體系非常畸形，可是，你能說他們的思想體系不精美嗎？這個思想體系本來有非常非常多裂縫，用語言、用修辭，用各式各樣的譬喻法去彌補，以至於這個思想體系變得堅不可摧。」

還未有機會拜讀林奕含的自傳小說《房思琪的初戀樂園》，但她的訪談讓我難過了非常多天。她說這不是一本憤怒的書，一本控訴之書，它裡面是有一個「愛」字。這是讓我最心碎的一句話。

打從大學開始，我在北京、韓國、澳門認識好幾個朋友，都是小時候學文學或畫畫或音樂時受到師長性侵，然後患上創傷後遺症，繼而說服自己愛上對方，成為其呼之則來揮之則去的性奴隸，有的甚至極力爭取和對方結婚後又離婚。施虐者覺得自己無辜，受虐者又深覺自己是共謀脫不了勾連。她們最後都雲淡風輕說一切都過去了，但真的過去了嗎？

教育本身就是一門無比深邃，又要與時並進的學問。有時候到校園演講，我知道學校老師或學生急於想聽到的往往只是寫作的花招或技巧，但我想傳達的核心訊息是「不作惡」。我們的教育把太多精力花在培養贏在起跑線的金頭腦，把智慧花在如何利用知識和技巧進行高智商犯罪並全身而退，學習做一個說辭得體但行為黑暗的人。

我情願小孩做藝術世界的文盲，也不要做舌燦蓮花的悖德的人渣。文學是傷口的縫合線和疾病的解剖刀，而非行劫行兇的匕首。如果藝術只是巧言令色，那我寧願悲觀地希望世界回到以暴制暴的洪荒時代，結繩記事。

但是，如果有人假冒藝術之名行兇，作為藝術工作者就必須以藝術來正名與還擊——我始終相信藝術有撕破假臉、揭露真相的能力。不讓藝術成為巧言令色者進行誘捕的灰色地帶，或成為打著性自由名義為所欲為的法外之地，性教育就不能再顧左右而言他。

＊　＊　＊

"Don't give me babies." 很多華人家庭的所謂性教育就只有那麼一句話。連用中文講也覺得尷尬。因為潛台詞是愛怎樣玩都可以，前提是不要搞出人命，不要有後患。

也有一些特別不靠譜的長輩跟男孩說，趁還未成年要把握時機，好好「享受」未成年少女而不怕犯法；同時對自己的女兒說，身體是女生最寶貴的資產，舊了，就二了，價值就賤了。兩種論調同樣的沙豬。

報刊媒體總愛用一句「偷嚐禁果」，概括未成年人的性行為。「禁果」為甚麼不能在未成年之前吃，我們的性教育含糊了事。

千禧年前後澳門的性教育又是甚麼樣子？我只記得高中的老師沉默地在課堂上放了一部BBC拍的關於青春期的紀錄片，讓外國人告訴我們甚麼叫做荷爾蒙和勃起。初中老師也會約略提及月經的知識，但同學們都聽不下去：「現在才講太晚了。我們小學五六年級已經來潮。」避孕的知識最離譜，大部分都是靠谷歌靠道聽途說；或自行對生物學斷章取義，說女人由於生理構造和孕育條件所限，為確保後代得以茁壯成長，傾向選擇單一而優秀可靠的伴侶，所以比較忠誠；男人的天性是要繁衍後代，必須把握機會盡一切可能散播精子，所以男人的濫情天經地義。這是哪門子的性教育？不過是父權主義的廢話連篇。

性教育經常處於一個家庭與學校互相推託的狀態，家長覺得那是老師的責任，學校覺得很多事情只能靠父母私下開導子女。我家裡也沒有甚麼性教育可言，連叫我潔身自愛的話都不好意思坦然的說，只是我一晚歸父母就會著急，冷酷又怨忿地丟下一句：「將來妳有了自己的女兒，妳就會懂我們的心情。」還未成年的時候，父母不斷地向女孩灌輸，性是邪惡，性是墮落，性會使人折舊，性是噁心。女孩長大後，性變成責任與義務，變成維持與討好；如果性冷感會被伴侶指責，被歸類為婚姻關係不和諧的始作俑者；要是性欲强則被社會鄙視，被標籤為不知廉恥的淫娃蕩婦。

美劇《慾望城市》在我成長的時代大紅大紫，很大程度因為它起著某類性教育功能，它觸及學校性教育中沒有提及，卻又十分重要的關於性自由的本質。性教育不只是用香蕉示範如何戴安全套這種知識和技巧，更重要的是性觀念——所有性的不自由，都源於兩性的不自由。處男會被恥笑，不是處女會被嫌棄，東起香港名牌大學書院作弄新生的色情玩笑，西至美國菁英中學的性征服文化，講了那麼多年的性教育到底都在幹嘛？

世界有非常非常多裂縫，我們狹隘的教育，我們空白的性教育，我們該有而還未有的性別平權……都急待修補。性自由是基本人權，但不是行兇者以藝術之名包裝的華麗藉口和免死金牌，不要再讓尚有柔情的修補者絕望離去，也要時刻警惕施暴者甜美的鬼話。

二〇一七年五月

女子的獨自漫遊

一個人要真正了解一個地方，一輩子可能還嫌短，更不要說那些來去匆匆的旅人。風土人情、名勝景點、地道美食、購物玩樂好去處等，上網找資料看討論區翻翻旅遊書，單是做準備已花去不少時間。光陰寶貴，省時間省麻煩參加旅行團或買自由行套票也沒甚麼不好，飯來張口，也是一種樂天知命。

然而，自己拿著地圖研究一番後的旅程，印象永遠最深刻，那是一種生存智慧和人生經驗的累積。港澳許多白領就是把計劃下一趟旅程看成日常娛樂，甚至是朝九晚五上班生活外的精神寄託。

前幾年電視上大行其道的相機廣告，女子往往處於一種被動或被窺視的位置，不過是周遊世界的男主角偶然用相機鏡頭「捕捉」到的美豔獵物。理由很簡單，男性是相機的主要消費群，社會認定他們是擅於使用高科技，隨時可以四海為家的自由身。近年有數位相機生產商終於想通了，針對女性的相機市場也大有可為，自信自立的女子異軍突起，成了相機廣告唯一的主角，手握地圖孤身上路，自駕遊走萬里，熟練帥氣地調光圈換鏡頭用單反相機，不需要莫名其妙的異國邂逅的加持，自身即故事。

所以二十一世紀的女性在流動上擁有更多的自主權了嗎？十九世紀末二十世紀初的歐洲女性，想安安靜靜待在家裡寫部小說也不容易，像波特萊爾那樣整天在城裡「遊蕩」（flaneur）更是難於登天。才女吳爾芙（Virginia Woolf）在名作《自己的房間》提到，一個女人若要寫小說，要有錢，和一個可以上鎖的、屬於自己的房間。二十一世紀的女生想做獨行俠環遊世界，也要有點錢，更要有流動的房間——青年旅舍（Youth hostel）、「沙發衝浪」（Coach surfing）、民宿出租（Airbnb）、只招待女賓的旅館，正是「流動的房間」的變形分身，它們的出現均為女性的跨國移動創造了更多的可能。不難預見，針對女性獨自出行的强大渴求及龐大商機，未來還會有更多為單身女性服務的旅遊配套設施出現。

＊　＊　＊

單身女性旅人的湧現，並沒有一下子改變現時流行的「吃、買、玩」的旅遊消費方式，也未能瞬間修正人們對女性遊客等同購物狂的刻板印象，但至少讓更多人從女性的角度思考旅行為何物。

用《旅人》作者胡晴舫的話來說：「這是一個旅遊過剩的時代。」即使足不出戶，單是掏出手機打開電腦，已經可以看盡海底世界、街頭實境和超高解析度的博物館館藏。在物質富裕、資訊發達的當代，旅行不再是新鮮事，不再是昂貴奢侈的玩意或身分的象徵，每個旅人都可以有獨一無二的旅遊故事，憑藉自己的偏見和認知隨意點評一座陌生的城市，按自己的需要填充旅行的意義。

對旅人來說，旅行的價值在於給了一個極度珍貴的機會，讓一個人可以暫時獨立於灌輸他／她知識的社會，冷靜清醒地當一個旁觀者，進行嚴肅的個人思考。就像瞎子摸象，平日的我們只看到自己城市的一條大腿，旅行卻讓我們拉開距離，看到大象的全貌。對終日活在不到三十平方公里土地上的澳門人來說，這種陌生化的經驗非常重要，所以不難想像為何澳門人每逢節假日都逃難似地往其他城市跑。

路途上的女性故事，近年十分渴市，電影《享受吧！一個人的旅行》（*Eat, Pray, Love*）的大賣，為女子獨遊的風潮推波助瀾。越來越多女性喜歡獨自外遊，但世人乃至她們自己，往往還未出發就先找一大堆冠冕堂皇的理由：失戀療傷、三十歲或五十歲生日、沒有男人也可以活得很精彩……彷彿沒有一個正當的理由，女子就不能獨自上路，因此又不知不覺墮入商人預設的圈套。看倌大可去看看二〇一二年底各個背包客網上論壇或旅遊雜誌，多少商家在推銷馬雅遺址末日個人遊，還不忘加上一個媚俗的標題——「在末日來臨前找回自己」。

我好像沒有聽說哪個朋友要來澳門過「末日」。這裡沒有壯麗的森林，沒有水清沙細的海灘，沒有原住民真摯的笑容，沒有肅穆的宗教氣氛，沒有讓人從痛苦中頓悟超脱的史前遺跡或山川湖泊，但只要徒步逛一下大街小巷，那些永遠精力過盛的賭場霓虹，融會貫通的殖民地建築，廣納百川的庶民小吃，總可以讓你看到這座城市能屈能伸的韌力。

若因此推論，澳門就是全亞洲最適合獨遊的地方、背包客的天堂，我不免是在「王婆賣瓜」了。澳門的民宿、經濟旅館、青年旅舍之缺乏，實在是拒背包客於門外。偏偏現在的發展思維是，高端旅客才是支撐經濟的命脈，精打細算的背包客、家庭式親子遊的消費效益不過杯水車薪，因此，深怕澳門娛樂設施不足、賭場不夠賭檯、酒店不夠豪華不夠噱頭吸引大陸豪客。話説回來，澳門還沒有所謂的背包客棧、青年旅舍或精品旅館，那些拉斯維加斯移植過來的豪華酒店一晚住宿動輒八千台幣，可望不可及，中低價酒店之缺乏，促成大量非法旅館的出現。幫外地的朋友訂酒店多了，發現澳門許多大型酒店的設計往往要旅客吃飯回房都必需經過賭場，要訂上沒有內設賭場的酒店也不是件容易的事。澳門的福隆新街還保留一些舊式賓館，假如不介意設施簡陋，又想感受電影《2046》的氛圍，倒是別有一番風味；望廈山的旅遊學院教學賓館，更是鬧市中的一道清泉。

越適宜獨自旅遊的城市，公共交通、社會治安、旅遊配套設施、待客友善程度往往越佳，澳門想成為真正的旅遊城市，就應該深耕個人遊的市場。和單純服務旅行團和豪客不同，優化個人遊的過程中，其實也在優化城市的細節和市民的生活環境，是一種真正的融入、互相了解和雙贏。

有點慧根又能吃苦的人，明白艱難的旅程更能看見一座城市的本質。不論男女，獨自上路還是結伴同行，旅程中最容易被忽略但又最寶貴的東西，正是家和自由的永恆辯證。藉由旅行於更遙遠的地方，見識更美好或更敗壞的事物，接受更深刻的人生體驗，旅行讓我們有機會成為一個獨立思考的人，重新審視自己的城市和人生。

二〇一三年一月二十八日

精緻的利己主義青年

每年五月四日，總是特別熱鬧，手機響個不停。那是母校校慶，天南地北的校友或忙著用短訊互表祝福，或轉述國家領導人到學校飯堂和學生們吃飯的實況。那便是我們最熟悉不過的「五四傳統」。許多人對北京大學，都有一種理想主義的印象，認為那是全中國唯一做夢卻不會被人嘲笑的地方，而且永遠有理直氣壯的歷史依託。百年前追求民主與科學的勇氣也許煙消雲散，但青春、理想、激情依然瀰漫，以為靠著這一點點歷史的餘光，北京大學的革命光環便永不黯淡。然而五四運動的光榮傳統，實際上還剩下甚麼？

當「五四」如同「味精」

高喊「外爭國權，內懲國賊」，追隨「德先生」、「賽先生」的五四運動，一九四九年後被大陸定調為「愛國，進步，民主，科學」。像宗教界抱怨聖誕節淪為消費主義的幌子，「五四」像味精一樣，被强加諸中港澳的各種活動之中。在大陸，五四精神變成愛國愛黨、追逐光榮和夢想的旗幟；在香港，變成和諧、包容的象徵；在澳門，連青年行孝（炮製七百碗老火湯給獨居長者）、青年强身（民間乒乓球比賽）都可以和紀念五四掛勾。「五四」，可能是僅次於「愛」，當代最多歧義的單詞。

憑藉四百多年中西文化交流的底蘊，澳門本應有説之不盡的談資，然而澳門中小學的近現代中國及本土歷史課程，長期處於大片空白的尷尬狀態。我們這些生於八〇年代的「青年」，父母大多是大陸移民，自己作為移民第二代，雖然親眼見證過殖民地政府的餘威和退場，卻對本土歷史一知半解，從課堂上學到的中國近現代史，不過是一語帶過的斷篇殘章。碎片化的歷史觀，加上高速變化的城市景觀和社會氛圍，「以史為鑑」不是澳門的生存之道，「活在當下」，才是澳門青年的座右銘。

如果一切只是特定時代的政權，對歷史有不妥或不完整的定性，那往後還有修正的希望，還有尋求真相與還原的可能；但假若青年為了自身利益，默許意義掉包，那問題就大了。

二〇〇八年的五月四日，正值北大一百一十周年校慶之際，北大教授錢理群痛斥大陸的精英教育正在培養一批「絕對的、精緻的利己主義者」。在他眼中，這種利己主義者對他人、社會所做的一切，不過是一種期待回報的投資，這些世故老成的青年用表面看來最為合理優雅的方式，努力成為既得利益集團的成員。

然後有人跳出來駁斥，世故圓融，善用機遇，不正是聰明人的特徵、向上流動的技巧嗎？不是强國的手段嗎？唯利是圖的美國人不也這樣？

龍應台在《百年思索》中憶述年輕時留學美國，看見美國的年輕人抬頭挺胸、昂首闊步，輕鬆面對每天升起的太陽：「我覺得不可思議：這樣沒有歷史負擔的人類，我不曾見過。我，還有我們這一代人，心靈裡的沉重與激越，是否有一個來處？」

這樣沒有歷史負擔、精緻的利己主義青年，如今在澳門隨處得見。青年理想，變成矽谷式創業的單行道；青年力量，替換為投機和賺快錢的腎上腺素；街頭抗爭，卻被全盤解讀成初生之犢被政客擺佈愚弄。即使沒有精英教育，我們在歌舞昇平的本土及中國當代史中，找不到憂患和沉重的來處，甚至連改變自身或社會的熱情也欠奉，在本來已承載了過多意涵的「五四精神」裡，無意打撈半點利他主義的碎屑。

當光榮傳統淪為無動於衷

我在北大念中文系那四年，正值北京奧運前夕，世事日新，校園充斥著各式各樣的天才、狂人、夢想家，我和整座城市，每天都處於亢奮狀態。

入學一個月後的某個晚上，我收到同班同學發來的手機短訊：「為響應世界糧食日，表達對校園食堂長期不合理收費的不滿，號召各位於本周六進行罷買抗議，請廣傳支持。」坦白說，校園食堂的食材獲國家補貼，價格已比校外低廉得多，但對不少農村來的貧困學子而言仍是艱難，常常看到拼桌的男生只消費得起兩碗白飯加一小碟肉末青菜。

半小時後，公安部門來電：「某某某給你發短訊了吧？還有誰參與其中？不要包庇壞人，你們念過歷史的也知道，任何學生運動都沒有好下場。」

我當時清楚意識到，那將是人生中一個關鍵時刻，我的行動將決定我未來的價值觀和人格。我思考兩秒，拒絕把任何人供出。在一個以深厚學生運動傳統揚名的高等學府，學生有意見要表達、正視糧食價格議題、非暴力抗議，我不覺得這件事情中有誰特別「壞」，至少比無動於衷要好。我一方面驚訝於電子監控的迅捷，同時對宿舍走廊上，同窗們毫不猶豫供出「主謀」的行徑感到震驚。

對許多人而言，在北大這個「五四運動」發祥地及「新文化運動」中心，「五四精神」仍有無孔不入的影響力，依然是某種現在進行式。這裡至今仍囤積著各種思想的炸藥，而「五四」的前車之鑑，只會讓任何學生運動的火花被更謹慎迅速處理掉，更不用說校內流傳已久的傳說——數之不盡的監控鏡頭對準以張貼大字報聞名的三角地了。事實上，三角地在我畢業數年後已被拆除，不留一點痕跡；「五四」對許多北大學生而言，不過是歷史上曾經熱血沸騰、如今一年搬弄一次的專有名詞而已。

北大的光榮傳統，在高度言論制約的現實中，不約而同成了我們的原罪。比起百年前奮力追求民主、科學，主張各種思想兼容並包，敢於疑古和挑戰傳統，我們這些整天忙著出國、考研、戀愛、找實習、找工作的「學霸」，簡直是「五四」先行者的不肖子孫。為了逃脫這樣的道德負荷，加上自身的懦弱、怕事與不爭，我們把自己打造成精緻的利己主義者，推說生逢盛世，對民主科學的渴求不切實際，讓自己成為那一部分先富起來的人，繼而讓國家富強、人民小康，這才是青年當下需要把握的關鍵，這就是「聰明人」口中的識時務者為俊傑。

當代中國知識分子的自我期許

人類歷史上有過許多「關鍵時刻」，諸如「法國大革命」、「明治維新」，其輻射力量之巨大，對後世產生了深遠的影響。對於二十世紀中國思想、文化及歷史進程來說，「五四」正扮演著這樣重要的角色，從未間斷地為百年以來的中國知識分子提供方向、道德基礎和原動力。探討「五四」留下的精神遺產，幾乎成了北大人乃至中國當代知識分子，一生不可擺脫的課業。

近代中國的歷史進程中，也似乎只有「五四」如此聚沙成塔、海納百川。對「五四」的不斷反思，促使各個領域的知識分子，為回應西方文化挑戰、探索中國新文學的發展、徹底檢討傳統文化、探討「理想大學」的定義，乃至知識分子的責任和自處，各自尋找可能的出路。一方面，中國知識分子依舊處於社會的邊緣位置，「下海」從商者時而有之；另一方面，隨著互聯網發展迅速，社會渴求意見領袖，譁眾取寵的公共知識分子爭奪話語權，微博「大V」以至草根網絡紅人，已發展出一套新的經濟模式，左右著文化潮流的動向。

在這樣的背景下，知識分子進退兩難。印象最深的一次，是和北大的班主任聊天，剛好那陣子臨近五四紀念，他突然語重心長叮嚀我們：「一般人受了專業培訓，畢業出來只是技工、專業人員；

我們不同，這裡的專業訓練，是要讓我們成為知識分子——記住！終其一生，也要以知識分子的社會責任感要求自己。」

但實情是，當代中國大部分的知識分子都極力迴避以「知識分子」自居。我曾經在大陸出席一個關於當代漢語詩歌的講座，講者問在場人士誰自視為知識分子。五十多人的講堂中，不乏博士、大學教授、資深出版人，半空只有我那隻在遲疑中低舉的手。主講者免得我難堪，當我這個澳門人不懂國情，假裝沒有看見，直說：「任何人，包括我在內，至今都不敢自視為知識分子——唯有到達極高的社會和道德要求並長期付諸實行，才配得上知識分子的稱號。」對知識分子身分的無限期延宕處理，在大陸十分常見，然而這種高度自省，與其說是謙虛，更多是由於仍活在文革式的惶惶不可終日當中。社會責任在風雲莫測的環境裡，變成難以承受的負荷。

不難發現，當代中國知識分子的自我期許，有一套預設標準和學習楷模，春秋爭鳴、魏晉風骨、隋唐俠客，乃至百日維新，都不是他們汲取精神能量的源泉。與當代相比，「五四」先賢全方位的力圖革新，元氣淋漓的自由表述，責無旁貸的獻身精神，為人稱道的行動力，讓中國歷史上，罕見地出現一份入世的、當仁不讓的愛，就連陳獨秀當年在北京前門鬧市散發的《北京市民宣言》，如今讀來仍然激昂：「我等學生商人勞工軍人等，惟有直接行動以圖根本之改造。」「五四」沙石俱下的大辯論，輻射至國家、國學、語言、社會、人權乃至愛情婚姻等多個維度，至今詰問著當代知識分子挑戰和解決問題的勇氣。

「五四」意義在兩岸四地的嬗變

有趣的是，「五四」之所以年復一年地紀念、挖掘、探問，正由於官方、民間與精英知識分子對「五四」一詞的理解的不斷變異，「五四」的相關言說至今仍隱含巨大而微妙的政治風向、文化思潮及道德陷阱，以致每一代人在詮釋「五四」時，都無可避免地融入自我的渴求、疑惑和答案。

北大教授陳平原對「五四」的分析，尤其透澈，他指出：「大陸談『五四』，那既是歷史，也是現實；既是學術，也是精神。而台灣談『五四』，基本上屬於『懷舊』，沒有那種『壯懷激烈』的感覺。最近二十年，海峽兩岸在如何看『五四』的問題上互相影響。台灣影響大陸的，是對激進主義思潮的批評，尤其不滿五四新文化人對傳統文化的批判；大陸影響台灣的，是新文學不僅僅屬於溫柔且文雅的徐志摩，必須直面魯迅等左翼文人粗礪的吶喊和刻骨銘心的痛苦。」

兩岸四地文化和歷史語境有別，對「五四」的態度也迥然不同。相對於港澳強調「心繫家國」，台灣著重「文化懷舊」，重視「整理國故」，與胡適一直堅持用「文藝復興」稱呼「五四」新文化運動異曲同工。相反，「五四運動」與當代知識分子的社會責任緊密掛勾的情況，在大陸則非常明顯。

正如義大利學者克羅齊提出的著名命題：「一切歷史都是當代史。」「五四」意義在兩岸四地的變遷，本質上是當代中國史的部分縮影。由原來「打倒孔家店」、「外爭國權，內懲國賊」，請來「德先生、賽先生」的普遍認知，到回歸前開始接受中共定義的「愛國、進步、民主、科學」，再到港澳回歸後，頻繁出現的四地交流活動，側重「尋根、抗戰、中華傳統、民族團結」。

港澳人對「五四」的樂觀情緒到底從何而來？難道我們和台灣民眾一樣，對「五四」的淡忘，源於已經跨過渴求民主和科學的時代？我想答案是否定的。縱觀許多香港「雨傘運動」的思想論述，除了橫的移植印度聖雄甘地的非暴力抗爭理論，也縱的繼承了部分「五四」精神，探問抗爭的合法性和民主制度的可行性。

「五四」巨大的精神遺產，並未為一人一地一機構所獨攬。「五四」的光環，不只屬於北大，其影響也不止於二十世紀；既然如此，當代兩岸四地的知識分子，唯有在歷史的關鍵時刻保持入世的勇氣和態度，才有可能完成「五四」未竟的政治和文化實驗。

二〇一六年五月十二日

貓熊的生死教育

一千六百隻紙紮小貓熊打著保育的名義，不久前在台北和香港的著名地標完成快閃展出；幸好活動沒有延伸來澳門，不然觸景傷情，紙貓熊變成死去貓熊的兵馬俑。

三年前，一對被公衆票選取名「開開、心心」的貓熊（港澳稱「熊貓」）正式落戶澳門，兩口子住進折合三億多台幣打造的大屋。可是六歲貓熊「心心」日前猝死，官方説法是出現罕見的急性腎衰竭。貓熊的急病來得不明不白，市民開始猜測，是貓熊館附近衆多的建築工地影響環境，還是無日無之的道路工程破壞風水。

園區關閉數天，媒體沒有譴責也沒有追蹤報導；反正牠們一開始也是盲婚啞嫁，政府説會盡快申請一隻貓熊來替補。「心心」不是頭一隻客死異鄉的珍獸，但作為回歸十周年的「政治賞賜」，不得不步步為營。同樣是禮物，香港海洋公園養的高壽、台北木柵動物園養的有後，澳門卻蒙上保護國寶不力的汙名，這畢竟是一座邊陲城市想要迅速癒合的傷口。

「心心」離世後，學校説會關注低年級學生的情緒變化，讓這隻「動物明星」在學童的記憶中慢慢淡出，卻忘記動物園本來就是生死教育的絕佳場所。

現代動物園透過復健、飼養、展示、延續，向市民傳授保育的理念，使觀眾了解各種動物的生活和作息環境，但不用隱藏動物拚命求存的本能。讓民眾看活鼠餵蛇、獅子抓兔子的過程，知道搖搖晃晃的企鵝是捕食魚類的肉食性動物，貓熊也不是天生的和平使者，牠們受到驚嚇還是會攻擊人類——既為活著卯足拚勁，因此更要尊重彼此的生命。動物園若淪為打造「可愛教主」的超級經理人，只會與勞役動物的馬戲團毫無差別。

人類熱愛克服自然，傾向掩藏動物的獸性，轉而強加給動物「人性」，乃至敬業意識、生財責任和政治任務。都市人關係疏離，更願意在可愛的動物身上寄託情感，尋找可能的慰藉——工作不如意？上網看看「圓仔」耍可愛的直播好了。在低迷的社會氣氛中，牠的一顰一笑足以化解內外風波，牠是媒體的寵兒、正能量的象徵、兩岸團圓的代言。

相比之下，活在澳門的「心心」不用推銷門票，只要健康聽話地活著，就已經完成任務，可惜事與願違。「心心」雖英年早逝，但不負所託，牠的死讓人思考城市的宜居指數，卻不用引起大眾對自由與囚牢界線的探索。

不是每隻貓熊都像「圓仔」，家族基因頑强，有在郊外斷過掌的外祖母，以及多次逃回野地的傳奇外曾祖母；貴為動物明星也不見得都逍遙自在，可以像電影《功夫熊貓》裡闖蕩江湖的主角阿寶。羨慕一隻苟且偷安、生活無憂的萌樣貓熊，也要知道牠們曾被趕盡殺絕，如今連吃喝拉撒戀愛生育都受收到嚴密監控。

我對「心心」其實也有緬懷，好歹兩年前有過一面之緣。當時那對活寶吃飽了準備睡覺，花了錢的遊客覺得虧本，要不是保安監管嚴密，就要拍打玻璃叫醒牠們：「喂！趕緊起來上班！」家長則對小孩說：「看到了吧，被關，就是好吃懶做的唯一下場！」這還比不上旁邊的年輕人接的話「雷人」：「如果人生只是吃、睡、交配和玩耍，我不介意像牠們那樣被包養。」

二〇一四年七月十日

我的志願

還在上幼稚園的小姪子，跟著他姥姥來我家拜年。還未結婚的我，按港澳習俗不能發紅包，只能塞給他一盒巧克力祝福他快高長大，老套地問他有甚麼志願。

「我長大後要到新葡京賭場上班。」這小鬼快狠準地回答我。

「為甚麼？」

「因為爸媽都在舊葡京賭場工作。我也要當發牌員，而且要去最新的賭場。」小鬼可是一臉自豪。

「可是等到你長大，新的都變舊的了。」

「說得也是哦，那到時候就去新新葡京上班好了。新賭場不是一直在蓋嗎？」

我不能肯定澳門的賭業能不能繼續繁榮下去，也不知道到他長大後還有多少賭場剩下來，但可以肯定的是，每個時代的小孩都躲不過類似的問題，或在寫作課上被强迫寫過「我的志願」之類的八股文章。自小立志是一件好事，但一個五歲不到的小人兒，早早就想好自己要到本地的甚麼機構上班，聽起來還是滿可怕的。可是大人們都不覺得有甚麼問題。

立志當發牌員沒有甚麼不好，我的數學跟心算法一塌糊塗，手又笨拙，博彩從業員資格絕對考不上。這五歲的小孩好歹比我有志氣，想當年我像他那麼大的時候，只想從事「黑道相關的地下產業」，不顧老師們的嘲笑，把「我的偶像」一文獻給「孔明諸葛亮」。

作家三毛在〈拾荒夢〉中說過她的志願，還在作文課上不以為然地大聲唸出來：「我有一天長大了，希望做一個拾破爛的人，因為這種職業，不但可以呼吸新鮮的空氣，同時又可以大街小巷的遊走玩耍，一面工作一面遊戲，自由快樂得如同天上的飛鳥。」被老師丟來一個黑板擦，畫上幾個大紅叉以後，三毛把職業理想修改為「做一個夏天賣冰棒，冬天賣烤紅薯的街頭小販」，最後再被迫重寫為「我長大要做醫生，拯救天下萬民」，才被批了個甲等。

人們總是以為父母的職責僅僅是讓小孩贏在起跑線，卻忽略了「多元」是更重要的競爭力，「父母官」的工作其實也是一個道理。職業不分貴賤，但如果社會把起點都預設在一個固定的低點，就很難期待多元發展或經濟突破的可能。社會總是高呼口號讓年輕人做夢，卻不給予他們追夢的空間，當香港小孩只想長大當律師醫生股票經紀，整個澳門的男女拚半生精力只想考上公務員或賭場發牌員，不見得是大家唯利是圖或天生沒志氣。在澳門這個連推動「經濟適度多元」都甚為困難的小城，結構性失業的陰霾從未散去，所以每當我看到白領朋友們沉迷於臉書上那些按九型人格設計的職業預測小遊戲，為別人「告訴」他「應該」當「雕塑家」或「科學家」而樂上半天時，總感到一絲透背的涼意。

三毛寫「我的志願」的年代，是上世紀五〇年代的台灣，在時刻準備反攻大陸的形勢下，容不下一個只想拾破爛的小孩。換了今天「兩岸聯手，賺世界的錢」的發展邏輯，小孩有志於拾破爛也沒有甚麼不妥的，搞不好可以帶起兩岸的環保產業。再進一步想，青年人想開咖啡店也沒有甚麼，但一個國家的青年都想開咖啡店就很可怕了，然而，這都比不上一國的父母只想自己的小孩開咖啡店，或青年人根本不知道自己想幹甚麼可以幹甚麼來得讓人恐懼。

二〇一五年二月二十六日

必須捨棄的世界第一

「噢船長！我的船長！」

電影《死亡詩社》的最後一幕，學生站在課桌上，為羅賓・威廉斯飾演的老師朗誦惠特曼的詩句，以表達對被迫離職教師的支持與不捨。現實生活中，面對鐵板一塊的教育體制，難道只能祈求一個菩薩般的導師，渡自己過無涯的學海？

小學的我七竅未通，屢屢徘徊留級邊緣，找不到學習的辦法和方向。有一次期末發成績單，女老師把我叫到講壇上，在五十多名男女同學面前，說我不配穿這「神聖」的校服，便動手要脫。領受過這招的男生，通常被脫到剩下白色汗衫便會號啕大哭，我卻一臉咬牙切齒的倔强。老師怕我一時想不開和她以死相拚，略微猶豫，把我連衣裙背部的拉鏈，緩緩拉開到屁股就住手了。

我最終沒有留級，還陸續考上全級第一，最後順利進入名牌大學，但這並不是由於羞辱的鞭策，而是自己慢慢摸索出學習的方法，但我卻永遠忘不了這種「震撼教育」帶來的傷害。可是不見得每個小孩都能抵受壓力、絕處逢生。我某個不幸的親戚，經過煉獄般的瘋狂留級重讀，到十八歲還沒有小學畢業，最後變成放棄人生的啃老族。

中學是澳門的留級重災區。同班同學之間，年齡可以相差五六歲。研究指出，澳門約四成學生在十五歲前曾經留級，比全球平均值高出三倍，位居世界第一，甚至被戲稱為「留級之都」。

有十五年免費教育的澳門，留級率為何長居世界第一？現時學校的軟硬件資源充足，校內督課班、校外補習班、打電話問功課服務，乃至學生服務中心遍地開花，到底是留級標準、教學方法，還是家庭或社會環境出了問題？

澳門的教育機構長期以來各自為政，設置留級制度，卻沒有統一的留級標準，連打分也頗為隨意彈性。曾有大陸來的老師向不合格的同學鞠躬道歉：「考題難度沒有照顧你們的感受，我會自我檢討！」有虔誠信教的老師揚言：「我從來不會打滿分，因為宇宙中只有主是完美的！」也有鐵石心腸的說：「只差〇．五分合格我也不會放生！就算你父母給我下跪也沒有用！」

留級過往是件大事，因為澳門工種選擇稀少，父母大多白手起家，希望子女早點中學畢業，學一點葡文然後去當公務員幫補家計。子女留級，父母顏面無存也罷了，一大堆隨之而來的書簿學費開支更是百上加斤。

和台灣高學歷人才過剩，甚至屢屢傳出「博士賣雞排」的情況很不一樣；澳門的升學、就業與社會風氣因賭權開放而改變，中學完成率只有六成，輟學情況普遍，尤其是前幾年賭場的入職年齡只要十八歲，許多親戚朋友放棄升讀大學，因為他們到賭場當荷官的工資，比大學畢業生和中學老師還要高。留級輟學的屈辱，很快被兜裡的現金一掃而空。

澳門近年失業率低，人力資源緊張，只有初中學歷也不愁找不到工作，市民普遍缺乏持續專業進修的競爭意識，政府也欠缺培養或引進高技術人才的長效機制，經濟多元化發展緩慢。不難預見，賭業一旦有甚麼風吹草動，澳門便會露出青黃不接的人才荒真相。

人均購買力計算的ＧＤＰ、人口密度、留級率……有些世界第一應該努力爭取，有些卻最好捨棄。社會需要的，不只是電影《死亡詩社》那充當船長的破格教師，還要一艘不讓年輕人在學海裡磋跎歲月的大船。

二〇一四年九月四日

世界那麼大

當了多年文員的好友阿麗想要辭職，離開澳門到北京碰運氣。「世界那麼大，我想去看看」，行徑勇氣可嘉，但她寫不出大陸人那樣「有情懷」的辭職信。凡事留一手，澳門人幼受庭訓。

當過公務員的傑克，回歸前辭職去葡萄牙念藝術，回歸後又回流當公務員。我們在一個出國留學歸澳藝術家展覽中認識，他問我為何好不容易「走出去」，又從多倫多回來，我笑著反問他。他說：「澳門就像金魚缸，安全溫暖風平浪靜，每天有人一點一點給你餵食，讓你漸漸忘記或失去好奇，世界長甚麼樣子。」

易卜生《玩偶之家》裡瀟灑的出走，教人羨慕，但有幾個人真的關心女主角娜拉走後的遭遇？把背景從十九世紀充滿遊手好閒主婦的挪威，換成二十一世紀人資短缺的澳門，它就不再是一部女性主義劇作，而是反思城市人才政策的推背圖。「走出去」，一直是「澳門夢」的核心；後來才發現，「走進來」，是更迫在眉睫的發展難題。

近年澳門不少茶餐廳貼出告示：「人手不足，從今天起營業時間縮短。」客人們被要求擠在一起坐，因為偌大的店内只有一個服務員。博彩企業乃至中小微企，無一不在抱怨人力資源緊張，拚命申請價廉物美的外勞。外傭占澳門三成的總人口，當中有一千六百名台灣人，從近年人才外流嚴重的台灣跑到澳門工作，大部分從事博彩酒店餐飲服務行業。我在澳門購物點菜，也因為要遷就服務員，從講粵語漸漸變成講英文和普通話了。

一·七%超低失業率反映出澳門的「人資荒」，卻照不見更深層的「人才荒」。上至專業範疇的醫生律師，下至低學歷要求的貨車司機賭場荷官，多個工會極力反對輸入外傭，反對專才留澳，呼籲建立外勞退場機制。面對高端人才匱乏，政府近年除了推行人才登記資料庫、組織外地澳門人回澳考察，規定公費留學生必須在一定年期内留澳服務，似乎就沒有更積極的舉措。如何有效吸引外地專才來澳或人才回流，社會始終缺乏長遠和戰略性的思考。

本地人優先的就業保障政策，是任何想要打民生牌的政府都不敢不高呼的口號。要在沒有漣漪的魚缸引入過江龍，鼓勵弱肉強食的競爭，打破社會論資排輩講究人脈關係的固有秩序，試問哪有政府會如此腦子進水、以身犯險？

把外來人才變成國力的新加坡就敢。

如此說來，難道敞開城市的大門就能解決問題了嗎？

人才流動，涉及眾多結構性因素。和法令稅制對外籍人士不友善、勞動條件日益惡化、學歷認證狹隘、薪資停滯、國際關係故步自封、政治穩定性堪憂的台灣相比，澳門極度單一的產業結構、不推崇逐水草而居的教育氛圍、缺乏向上流動的積極性、害怕外來競爭的保護主義，不知道誰比誰更糟糕。

澳門人擁抱世界的方法，是把埃及希臘羅馬等地標濃縮複製到家門前，以為世界，就那麼大了。卻不知道國籍迥異的人才所聚合的宇宙，更為偉大、壯觀。

二〇一五年五月七日

特長生的競技

我的中學母校有一個讓我十分懷念的優良傳統，就是放牧式教學，白羊黑羊一起放養，不搞資優班，也不嚴格組織或積極鼓勵同學參加任何學界比賽。若是獲獎，自然有些嘉許，有衆多讓你在校慶活動露兩手的機會；但如果成績單滿堂紅，不管你是武學奇才、音樂神童、李白再世還是姚明第二，十個金牌也拼湊不成一塊免死金牌。不因天分而對特長生有太多特殊優待這一點，至少讓其他平庸之輩如我，不至終日埋怨父母讓自己輸在起跑線上。

看多了《攻其不備》（*The Blind Side*）這一類的美國電影，就算對美國體育制度不感興趣的觀衆，也能大概看出大學體育特長生獎學金制度和職業球會選拔系統之間千絲萬縷的關係，畢業後成為職業運動員並因此致富的傳奇故事，成為千千萬萬特長生的人生目標。我在北京念大學的時候，同學中退役的奧運冠軍已有好幾個，每年校運會，中文系都顯得特別人丁單薄，全是孱弱書生，與個頭高大的體育特長生同場競技，真有點自取其辱的況味，只能十分「阿Q」地自我安慰——可以憑後天努力得以和天才對賽，也算是一種自强不息的運動精神的表現吧。

在升學率已達九成以上的澳門，說自己因為體育特長才能考進大學，絕對不是一件特別光彩的事。在專業健身房也屈指可數的澳門，當一個本土職業運動員比當一個全職詩人更難，不少熱愛體育的學長學姐大多選擇報讀體育教育專業，也算是一種變相的體育職業化；運氣好的，畢業後當上中小學體育老師，業餘參加地區性比賽。勉為其難當上體育老師的，自身也苦於無用武之地，發掘有運動細胞的兒童或體育奇才更是缺乏動力，以致兒時的體育課總有一股慵懶隨意、得過且過的氣息。

殖民時期，殖民者甚少積極以體育作為同化手段，後殖民時期的政府則努力透過運動的榮譽感建立新的國族認同，諸如國家奧運金牌運動員代表團到港澳訪問表演，早已成為例行公事，透過運動傳達出「國家榮譽高於一切」的訊息。香港多年前已積極培養本土全職運動員和職業球隊，甚至越來越有明星化和品牌化的趨勢；澳門辦過東亞運動會及葡語系運動會，並以「中國澳門」名義參加多個國際性體育比賽後，澳門的體育人才競爭意識已大為提高，除了官方積極組隊參加國際賽事，輸入外地運動專才，本地大專院校也紛紛以優厚條件招攬大陸的體育特長生。

澳門的教育一向重視道德倫理，强調中庸之道，不鼓勵弱肉强食的競爭。教育對人的全面培養固然重要，但特長生制度、尖子選拔的設立，在增加人才競爭的壓力的同時，也增加了人才專業化發展的可能。至於如何讓體育特長生有機會發揮所長，怎樣使運動員由政府單一扶持而至有市場化的選擇，除了打造大衆運動的氛圍，還要教育制度與體育發展相配合，讓運動員有機會和平台朝職業化發展，才可能讓運動員以專業人士身分獲得市民的尊重。

二〇一一年八月十日

輯二

永續之城

休漁期的罐頭和魚丸

踏入初夏，葡國沙丁魚罐頭和台北墨魚丸，開始登上我家餐桌。過往盛產牡蠣，因而有「蠔鏡」之稱的澳門，在五月至八月的南中國海休漁期也得靠進口海鮮，不設休漁期的台灣水產品正好填補了沿岸餐桌的空白。

我不是蜑家人，但海鮮常常是家中主菜，所以對休漁期的開始與結束特別敏感。外公是順德的養魚戶，教出來的兒子女婿都有一手切「雙飛」鯇魚片的絕活。偏偏我哥小時候被卡在喉嚨的魚刺嚇怕，自此不再碰魚吃魚，我爸只好把畢生的蒸魚絕學傳授給我。在他眼中，廣東清蒸魚的祕方，就是供我走天下的嫁妝。

對廣東人來說，台灣的海鮮料理一直是可敬的對手，它的海洋文化在生活中就有充分的體現，一年四季，無論是家常菜虱目魚肚湯、九層塔小卷、櫻花蝦炒飯，抑或壽司店的刺身、過年的烏魚子拼盤，豐富的海鮮食材都與台灣人的生存智慧互相輝映，海洋似乎對寶島也特別慷慨。

台灣的海洋大概也沒有休息的時候。台灣的討海文化更與觀光結合，例如一波接一波的屏東黑鮪魚文化觀光季、花蓮曼波魚季、台東旗魚季等，吸引大批旅人饕客。同樣有豐富的漁業歷史，澳門卻很少拿漁文化作招徠，政府近年推廣乘漁船遊覽澳門半島海岸線的「漁家樂」，主要目的不過是協助漁民渡過無收入的休漁期。我雖參觀過澳門海事博物館不下百次，卻遠遠不及和討海人出海一趟來得深刻，但大家請教得最多的還是挑海鮮的方法，而不是海洋的最新狀況。

說到挑選海鮮，靠海吃海的澳門人和台灣人都有豐富的實戰經驗。養生延壽儼如台灣的全民運動，對有機食品趨之若鶩，熟知各類食材的相生相剋。對飲食男女而言，怎樣吃、吃甚麼補甚麼就是重點所在，和口腹之欲相比，黑鮪魚有沒有被過度捕撈、魩仔魚混獲嚴不嚴重事不關己，捕魚行為合不合乎生態永續是政府和業界的事，消費者對海洋沒有道德責任。

我不是雄辯滔滔的環保人士，既說服不了父親遵守「永續海鮮選購指南」，也不知道如何灌輸他不吃食物鏈頂層魚類的「底食原則」。父親好不容易才告別吃地瓜求生的夢魘日子，喪偶後的他更是寄情於山珍海味。他說想通了，做人要活在當下。

子非魚，也許魚真有不一樣的想法。鮭魚每年逆流而上幾千公里，都是為牠的後代著想。海洋的多樣、複雜與脆弱，不是我們這些連釣魚也不會的城市人所能理解，人們總是過於樂觀地相信，大海永遠是相濡以沫的母體，卻不知道它也有「相忘於江湖」的決絕。若海洋食物鏈如期在二〇四八年斷裂，往日取之不盡的深海，大概就只剩下食物鏈底層的水母。「巧婦難為無米之炊」，縱有蒸魚祕技，面對水母罐頭和水母丸子，也無法化腐朽為神奇吧。

「很久沒看過大條的新鮮海魚了。」

這是老爸在休漁期的感嘆，討海人近年的感嘆，我們這一代和下一代的感嘆。這都是所謂「活在當下」的代價。

二〇一四年七月三日

食安，一張不想兌獎的全民彩券

澳門的中秋不流行烤肉，今年卻多了買彩券這個新節目，頭獎罕有地達一億多港元。台灣彩券也不遑多讓，中秋獎金加碼達四點三億元新台幣，去年過千億新台幣的彩券銷售成績，更讓台灣名列全球彩券銷售總金額的第十六位。彩券、刮刮樂，乃至統一發票或商店消費抽獎，台灣人的「中獎夢」比月光更無處不在。

買樂透是主動，也是被動的過程。有次在台北某連鎖餐廳吃港式點心，突然有隻巨型蟑螂生蹦活跳從天花板掉到我的頭上和衣領……我在大陸行走也有些時日，默默從紅燒茄子裡挑出六隻死蟑螂也不是沒試過，但這次「中頭獎」真是始料不及，我失禮地尖叫起來。鄰桌覺得我大驚小怪，店員隨便道了歉，朋友們笑著打圓場：「有蟑螂，埋單可以打幾折？」「天下餐廳一樣髒，差在看不看得見而已，待會兒去買樂透肯定中大獎！」

奇怪。台灣人一向講究食療養生，有時甚至給人貪生怕死的錯覺；面對餐桌上的蟑螂這種赤裸裸的食安問題，台灣人怎麼失去了凡事據理力爭的火爆形象？

結果手上的彩券沒中，吃進肚子的卻一一中招。七月，港澳某美式快餐店爆出進口大陸過期肉類的醜聞，那批脆辣雞腿漢堡我也吃了；八月，台灣爆出餿油風波，澳門二十多家企業被牽連，包括我經常光顧的麵包店。台澳兩地的政府部門、涉事商家甚至消費者，不約而同直呼無辜冤枉，結論是抽查成品不代表製作流程受監督，下游的永遠被上游的蒙在鼓裡。

不同的是，澳門人淡然以對，既知追究無門，況且吃進肚子已死無對證。那邊廂，台灣顧客到門市摔食物退貨，指天罵地詛咒店家祖宗十八代，嗆聲罐頭代言人下跪賠罪，還有逼前線售貨員含淚吞餅的鬧劇戲碼……這種「Drama Queen」精神，才是我熟悉的台灣新聞。

全然擁抱速食、外食、超市文化，人們對美食的創造過程，早已失去好奇和耐性。一根竹筍如何從泥土到餐盤事不關己，只想知道飲食節目的大廚們有甚麼「祕密武器」；一客法式烤田螺的工序配料並不重要，只在乎拍照上傳臉書炫耀。我們天天聽「養生專家」在電視上大放厥詞，上班偷偷爬文看美食部落客的所謂「嚴選」，卻不願花時間搞懂人造色素和防腐劑的類別。高喊監督食安制度和商業資訊透明化的同時，我們連一張食物標籤都懶得弄清楚；習慣了超市裡用保鮮膜包好的魚肉，要我們用手挑一條鮮魚都覺得委屈骯髒。你可以說無良商人騙走了信任和感情，卻沒有人能自稱是很傻很天真的消費者。這是資訊爆炸的二十一世紀。

品牌故事、專業認證，因餿油事件變成一張廢紙，食安卻成了一張全民彩券，蘇丹紅、塑化劑等化學名詞正是變化的數字組合。這種飲食消費模式就像大樂透，還新增「跨域兌獎」的全球化服務，差別只是無人希望中獎。但撫心自問，用健康為賭注加碼的，除了政府、廠商，是否還有自願掏錢買貨、粗心大意的自己？主動詢問、主動查證，向來被認為是為難服務員或菜販的挑剔行徑，但如果吃進肚子裡的東西，自己都不緊張，難道就靠量販式的商家替您操這個心？

二〇一四年九月十八日

神農氏的良心樂園

早晨，是屬於薑味牙膏、洋甘菊爽膚水和蘆薈凝膠的。下午，則是隨心情而變化的高山茶、東方美人茶或洛神花茶。晚上少不了絲瓜潔顏露、老薑洗髮水、無患子護髮素和艾草肥皂。秋涼了，再敷一塊阿里山櫻花淨白面膜和薄荷護足膜做保養。

用的時候沒留意，原來這些好物全都是台灣貨。台灣的農產品賣相吸引，連帶農業副產品一樣琳瑯滿目，目光所及都是有機、素食、樂活、古早、天然純正、優質嚴選、公平貿易的廣告，說是「農村包圍城市」也不為過。大陸的「農家樂」噱頭方興未艾，成為短途旅遊節目；香港「新農業」冒起迅速，天台種植或周末租田有機耕作，被視為調劑身心的新潮娛樂。港澳旅客山長水遠跑去台灣的清境農場餵羊，飛去韓國摘草莓，為的是一口新鮮空氣，拍幾張和大自然親近的相片，回去掛在密不透風的辦公室聊以慰藉。

澳門沒有農業，但不代表寸草不生，以前城市綠化所種的龍眼樹、蓮霧樹，雖噴滿農藥，還是年年結果；街角幾株遺世獨立的木瓜樹和芭蕉樹，也能在汽車尾氣中繁衍後代。

我對蔬果新鮮度的重視，主要源於童年的農村生活記憶。爺爺擅長花藝，我五歲不到，就從他那裡學會玫瑰的嫁接法；八十多歲的外婆至今還下田種菜消磨日子，我們每次回廣東看望她，必定把十多公斤的現摘有機瓜果扛回澳門。記得還在上小學的我有次回鄉過暑假，趁母雞去找吃的，溜到外婆的雞舍，從窩裡偷了幾顆暖暖的雞蛋拿給外婆煮，就像從澳門家的冰櫃拿盒裝雞蛋一樣理所當然。沒想到，沒上過學的外婆講的話讓我畢生難忘：「趕緊放回去！不然雞母親回來，看到孩子不見了會很緊張傷心的。」傳說神農氏生下來就有透明的肚子，五臟六腑一清二楚；莊稼人也許不擅辭令心直口快，卻往往更能設身處地，講出最深刻的真理。

相反，在「發展才是硬道理」的邏輯下，商人用各種藉口掠奪土地，把種子私有化，用超市裡滿坑滿谷的進口鮮蔬妝點全球化，掩蓋全球脈絡下，山林水源被破壞、小農生計不保、跨國糧食集團壟斷、國與國在農貿競爭中割喉式傾銷。人們回過頭才想起，農業原來不是拖後腿的低端經濟，不是小資產階級沒事找事做的生活情調，而是自主、安全、健康、生活穩定和社會公義的基礎，甚至成為本土主義和身分認同的組成部分。當知識分子只懂在網上打口水戰，政府深陷官僚機制的泥沼一事無成，小農反過來成為時代的良心，乃至於在推土機前種花。

兩年前，有幸到彰化參觀著名鄉土詩人吳晟的平地森林，得知守護台灣原生樹種的重要性，深受感動。回澳後不久，澳門市民因發展商挖山建豪宅，發起「守護路環」行動，其中的森林讀詩會，發起者選讀的就是吳晟的詩〈土地，從來不屬於〉。在香港，菜園村、新界東北發展等土地正義議題，更成功讓農人與年輕都市人連成一線，共同抗命，台港對於土地資源和農業發展的堅持，以及由土地連結至家園乃至家國的微妙關係，值得進入暴發戶狀態、一心只想大興土木的澳門省思。

在紛紛擾擾的二十一世紀，最昂貴的不是人才，而是信譽。當許多東亞城市不約而同以樂活文化作為旅遊名片，我相信具時代良心的農業，將是未來台灣創意行銷的王牌，在低迷經濟中突圍而出的新希望。尤其對於香港和澳門，這兩個本地農業生產率相當低，同時深受國際糧食價格波動和他國食安問題影響的城市來說，良心農業和都市發展能並肩打拚，而不是徹底誓不兩立互相蠶食，是多麼讓人羨慕的福氣。

二〇一四年十月九日

都市的二手美學

旅人和城市的認識過程，有時像一檔綜藝節目——城市用最新的彩妝行頭，教你豔羨她充滿活力的童顏；轉個鏡頭當眾卸妝，賣弄她素顏上千帆過盡的歲月滄桑。台北那些連鎖書店的精緻妝容看多了，我更喜歡二手書店那張徐娘半老的臉。

二手書店不外乎三種人出沒，賣書的、省錢買書的和尋寶的。如果說書店是一面三稜鏡，反映了一座城市的底蘊，二手書店則是它的顯微鏡——人們讀哪些書、捨得放棄哪些書、看一次還是重讀、閱讀喜好和作品評價，全都在二手書店的蛛絲馬跡中表露無遺。台北的二手書店雖不光鮮，但永遠是書迷尋寶和作者做市場調查的好地方。

二輪電影院和二手書店一樣，很容易讓人想到殘花敗柳，在處處講求「拚第一」的當下，亞洲地區的觀光局很少推介旅客前去。專門播放下檔電影、票價便宜的二輪影院，在港澳已找不到，幸好台灣還有。二輪電影院的聲光效果、座椅及環境衛生都不如大型影院，卻別有一番熱鬧親切；

張愛玲《色戒》裡的場景皆諜影重重，唯獨二輪電影院異常磊落——「灰紅暗黃二色磚砌的門面，有一種針織粗呢的溫暖感，整個建築圓圓的朝裡凹，成為一鉤新月切過路角，門前十分寬敞」。女主角王佳芝連暗殺前夕也惦記著二輪影院，可惜把特務頭子拉了去珠寶店，最後陰差陽錯地被一顆六卡拉的鑽戒感動了，行刺失敗賠上性命。所以當台灣男生約我去二輪影院而非珠寶店，我反而有一種安心的感覺。

兩岸四地因經濟發展的先後緩急，各有不同程度的古玩情結和文化潔癖。大陸土豪崛起，真正渴市的是可以炒賣的古董和收藏品，曾經是落難皇族的散貨中心的北京潘家園古玩市集和琉璃廠，如今不過充斥一大堆劣貨山寨貨，逛古玩市集早已變成冤大頭自討沒趣的行程。香港的二手名牌店門庭若市，但朋友同事之間，不把中文「二手」換成英文“Vintage”一詞便難於啓齒；澳門人口密度世界第一，人際關係緊密，隨便一件二手家具二手車，都可能是熟人的物件，太尷尬了。

在台灣，逛二手店的節儉意圖多於挖寶的樂趣，和外國的慈善回收商店有點相似。不同於歐洲的跳蚤或古董市集强調心照不宣的品味，台灣的二手貨買賣往往不是精英式的高雅收藏，也不盡是受返璞歸真的懷舊情感驅使。這裡的二手商品不是靠填補記憶空白來增加它的價值，而是盡可能減少折舊來保值；它要賣的不是感人故事灰塵味，往往是環保和物盡其用的好意。即使許多家庭已不愛用二手貨，台灣人對日常物品的維修保養的重視仍遠勝於港澳，甚至帶有一點過去共度時艱、珍愛物資的情懷，故障的小家電、不穩的桌椅，往往能維修的先送修，而不是像港澳人一下子就想到汰舊換新。

台北和我的家鄉澳門，都立於新潮與古舊的分岔路口，天天做著清除丟棄與保護活化的選擇。然而澳門處於經濟廢墟中太久了，好不容易有充沛的財力，社會便急於破舊立新，因此更多的是時不我與的黯然退場，舊物往往只能進入焚化爐或博物館，最大的二手市場不過是賭場旁邊放滿金錶翡翠的當鋪押店。

台灣資源分類回收的全民意識和運作系統早已走在亞洲地區的前列，二手文化更應被推廣重視，說是品味和自信的表現也好，是節儉持家環保再生物盡其用的信念也罷，讓可持續的生活方式變成生活中的必要組成，這種不必凡事拚第一、求最新的另類美學，展現的全是城市洗盡鉛華後的動人一面。

二〇一四年五月二十九日

慢靈魂

在台北穿過長長的行人馬路，看著交通燈上綠色的數字在倒數，我下意識準備小步跑的姿勢。

「在台北走路要快得優雅。用跑的，不酷。」這時候，台北朋友總是拉著我的手肘。「天龍國」的人就是不一樣。

澳門的朋友以前常取笑我，走路的速度像個香港人，總是一副趕著去上班的模樣，永遠在電扶梯的左側急步前行。如今在澳門，一天幾次被人踩到鞋跟，是再平常不過的事。大量旅客和外勞，讓城市變得擁擠了，人與人的距離近了，也變得不耐煩了。

無論在經濟還是社會發展上，澳門廢墟般的緩慢，曾經很長一段時間揚名兩岸，猶如現在的古城台南。在人少的空間，我們抱怨死水般的城市，緩慢得分不出時間。

後來經濟好了，人多了，車多了，路也堵了，天際線和海岸線日新月異，通勤卻慢如牛步，我們抱怨活得更慢了，彷彿趕不上時代的步伐。人口在十年內翻了一倍，「急速」成為城市的關鍵詞，「慢靈魂」已無聲消失。我們回不去了。

資本主義社會，一直視「速度」和「效率」為經濟發展的指標。「快速」代表進步，「緩慢」意味要被淘汰。快速通勤（如飛機）、貨物的即日流通（如快遞）、第一時間的服務（如銀行尊貴客戶優先櫃台），都曾經是發達的象徵。

互聯網和3C產品，更是把人們對速度的欲望推到極致。曾經被推崇的專心一意，現在被視為能力低下。左手開車右手上網查股票，左腦看計畫書右腦和家人聊天，多任務處理（multitasking）成了二十一世紀都市叢林的生存法則。連剛誕生的嬰兒，也被訓練要快人一步，早上聽貝多芬，晚上牙牙學英文。

台灣也曾經歷經濟快速起飛的歲月，如今在原地踏步的政經環境，好歹走出了一條「慢活經濟」的康莊大道。過往鋪天蓋地的「三天兩夜台灣精華」旅遊書，逐漸被標榜「慢城」、「漫遊」、「散步」、「散策」、「晃蕩」的新書取代，台南、花蓮、台東成為慢靈魂的精神故鄉。到忠孝東路、東區或信義區血拚已經過時，逛有機農市集才是真文青。

在兩岸四地吹起的「慢文化」風潮之中，台灣「慢活經濟學」的獨特之處，在於與「土地正義」、「環保」等社運議題，乃至「人身自由」、「心靈解放」、「身分認同」掛勾，為華人對於現代化的理解，提供了嬉皮式的文化想像和社會介入空間。

在緩慢的時代追求快速，我們認為那是唯一的美好；快了，我們不是想回到過去，而是上癮地追求更快更高速。慢食、慢跑、慢騎、散步、自耕、手作、逛老店，成為一種自我淨化的儀式，而非一心回到石器時代的山盟海誓。我們終於學懂，決定城市宜居程度的，不是周遭事物的快慢，而是自己對於時間和心態的掌控。

「想要快活，就要慢活」這句話，還是台灣人教我的。

二〇一四年十一月二十七日

霧霾中的愚公

農曆新年的北京，城裡人走了大半，路上車龍消失，煙火爆竹燒到年初十還沒停。我在烤串店的落地玻璃窗邊，看著戴各式重型口罩的行人來來往往。那天的空氣汙染不算特別嚴重，還殘留融雪的清爽氣息，「霧霾」卻突然又成了整個國家的關鍵詞。

手機裡那些「會呼吸的痛」的霧霾段子，港澳人無關痛癢一笑置之，以為我城從來沒有「霧霾天」。別犯傻了，就像北京過往把「空氣汙染」報道為純粹「大霧」，「霧霾」在港澳，不過換了「煙霞」這個詩意又讓人摸不著頭腦的名字。我們被培養成只顧察言觀色，卻完全不懂看天吃飯的一代，比地震前趕緊搬家的螻蟻還要麻木。

不看天，是因為我們相信數據多於經驗，傾向科學多於迷信，重視政府聘用的天文學家多於家中阿嬤的意見。然而近年，大陸人愛看美國駐京使館測量的PM2.5值，澳門人更信任香港天文台的颱風預測，香港人看見下冰雹就直呼暴動凶兆。看似與政治風馬牛不相及的天氣報告，其實也是民眾信任度的晴雨表。

人類對自然的態度，決定了文明的走向，兩者間的愛恨情仇，多少部磚頭般厚的巨著都寫不完，然而大多數時間，都徘徊在「聽天由命」和「人定勝天」的兩極化邏輯當中。農耕時代，人們敬畏自然，又設法觀察、理解、適應、歸納自然，牧人善逐水草，漁民指測風雲，農民目推晴雨。文明的苗兒和迷信的雜草並生，東漢張衡發明了充滿科學智慧的渾天儀，三國的孔明還得裝神弄鬼登壇作法借東風。歷史快速進帶，西方工業革命為科技井噴打下基礎，二十世紀的大壩工程、登月之旅和火星移民計劃，更是把人類對調控自然的雄心表露無遺。

回首當代中國，愚公移山之精神至今仍備受傳頌，工廠煙囪仍被視為文明和財富的象徵，為了超英趕美，不惜重蹈西方發展的覆轍。在這裡，人們對駕馭自然的欲望有增無減，且趨向常規化，乾旱季節發射增雨劑催生降雨，重要日子（如北京奧運）前夕，發射千枚火箭彈打散降雨雲塊不過等閒事。風雲變幻，唯獨毛澤東「人定勝天」的「家訓」始終不散。

我沒有經歷高呼「人有多大膽，地有多大產」的奮進年代，只能聽聽過來人的說法。我在北京念書時，經常在培養愛國精神的「思想道德修養」課上放空，唯獨那個中年女教授在台上突然崩潰痛哭的畫面，至今歷歷在目。「那時候我們年輕，不眠不休開天闢地，平山移林，以為在做偉大的建設事業，不知道是犯著無可挽回的愚蠢錯誤，在『敬畏』和『征服』的老路中，沒有想過要『和自然共處』。多少同伴甚至為此丟了寶貴的性命啊，多麼年輕寶貴的生命……」

這也是為甚麼我對「愚公移山」的故事，有一種隱隱的不安。古代愚公的事業，要靠跨代的繼承；現代愚公的錯誤，需要無數代去修補。愚公們有披荊斬棘的精神，卻沒有和天地自然同呼吸共命運的概念。有了財力和技術，輕鬆移得了山填得了海，上得了天下得了地，卻終究換不走大氣換不走風。

擇善固執是一個動人的詞語。每個人都無可避免地為自己的行為尋找合理和正當的藉口，甚至成為了破壞多於建設的愚公也不自知。在霧霾的日子裡，我們已搞懂做盲目開天闢地的愚公可能導致的惡果；但不代表一呼一吸領受苦果之際，我們只能做一輩子不聞不問的愚人。如果推翻、破壞、克服、清除，是二十世紀所定義的勇氣；那麼二十一世紀需要的，是警覺、修補、串連和行動。

二〇一五年三月五日

電池之旅

二〇一二年的時候，住在澳門的台灣朋友聽說我要去她老家旅行，連忙問能否幫忙帶點東西回去。

帶甚麼手信呢？

「嗯，是舊電池。」

朋友是劇場人，發音字正腔圓，她沒講錯我沒聽錯。與台灣相比，澳門人的環保意識十分薄弱，我當下的反應是疑心她家是做廢料回收的，又猜想台灣回收有獎金——「就是因為澳門沒有電池回收的系統，不想汙染環境，沒辦法只好每次把舊電池拿到台灣回收。朋友們知道，統統把家裡的電池丟給我，舊電池越積越多。」

人死後往哪兒去，是千古天問。一支蠟燭淚盡燈枯，尚有文人撰文寫詩盛讚它點燃自己照亮別人；一塊電池壽終正寢後的旅程，卻很少人關心。大部分電池內含重金屬及電解質溶液，如果不作分類處理隨意堆填，可能會汙染土壤和地下水源，間接為人體吸收造成健康受損。我終於有天忍不住打去澳門的環境保護局查詢情況。「你是記者嗎？」「不是，就是普通市民。」「喔，這樣啊，坦白說好了……廢電池的危害我們很了解，但對不起，回收廢電池我們還在研究階段。」澳門環保局的人員很有禮但無奈地回答我。

五年轉眼過去，他們還在「研究」，還無法給予公眾一個滿意的答案。

舊電池倘擱著不管，偶爾掀起玩具底部的電源蓋，鏽黃的機油漏得滿手皆是，那種恨錯難返的光景貫穿整個童年。電池的陰影所及，還有某電池廣告裡那隻時而精力過盛、時而筋疲力盡地敲打銅鈸的電動小兔，以及只用電池的舊式相機、MD機、電蚊拍、卡式錄音機等。時代的進步，也反映於電池的變化。童年時叱吒風雲的肥壯AA電池，在我高中時已被淘汰，遙控器也開始集體「轉型」，被纖瘦得體的AAA電池取而代之。到了大學，環保充電電池已搶佔了市場，出門前把充好電的電池推進隨身聽時那份熟練和衝勁，就像特工執行任務前裝子彈一樣。

若我人在台北，只需把電池送到附近的便利店即可；若我在多倫多，只需移步到公共洗衣房便可輕易找到電池回收盒。但在澳門，我只能親自把電池送到位於離島、閒人不得內進的特殊和危險廢物處理站。北安的特殊和危險廢物處理站處理的垃圾，主要為廢舊輪胎、馬匹及狗隻等動物屍體、屠場廢料、醫療廢物、油渣沉澱物等。為了一顆小小的電池如此深入虎穴，怪不得友人情願千山萬水到台灣送舊電池最後一程。

平心而論，也不能説澳門在環保方面完全沒有建樹。經過民間多年的爭取，澳門環境保護局終於在二〇一六年底推出「澳門廢舊電池收集計劃」，在澳門各區陸續設置超過五百個收集點，包括學校、團體、住宅、商業大廈、電訊公司、銀行、超市、便利店、公共垃圾房及公共部門等，截至二〇一七年七月，已回收約三千五百公斤廢舊電池。晚則晚矣，但總算踏出了回收的第一步。然而，現時的處理方式依然是暫存，也就是説，這五年間的「進步」，不過是不用市民跑那麼遠去丢棄廢舊電池而已。官方指將「積極爭取透過區域合作方式資源化處理」，但要是僅僅打算效法發達國家把電子垃圾棄在別國的手段，把廢舊電池這個燙手山芋丢給其他珠三角地區，而不考慮長遠的源頭減廢、在地處理和資源重用的可能，澳門的環保工作不過自欺欺人。

澳門推動垃圾分類回收已經多年，但一直成效不彰；不徵收膠袋税，官方的大型美食節大量使用一次性塑膠餐具，賭場免費派發的樽裝水等，已讓不少鄰近地區的旅客驚訝於澳門對環保這個大趨勢的反應遲鈍。而食材、水源、電力皆進口，長期享受高額水電費補貼，早就不事農業漁業生產的澳門人，對大自然沒有一絲敬畏或憐憫。

回收舊電池、玻璃罐、月餅盒和利市封，對市民而言不過是多了個捷徑清理垃圾，循環再用依然不是優先選擇，而且普遍被視為不酷、寒酸、垃圾婆的行徑。我在台灣認識許多自帶環保餐具外出用膳的男生，在澳門卻碰見不少男生同一份工作一做五六年，辦公室裡卻連杯子也不自備一個：「每天換新紙杯就好了啊，乾淨衛生，大爺我就是從來不會洗碗洗碟洗杯子的人。」

根據政府出版的《澳門環保狀況 2016 報告》，二〇一六年澳門棄置的城市固體廢物量達 503,867 公噸，與二〇一五年比較，一年內的垃圾增幅高達八千公噸。二〇一五年的人均城市固體廢物棄置量（指在日常生活、商業及工業活動中所棄置的固體廢物，當中主要包含生活廢物及工商業廢物等，以每人每日計算），上海和廣州分別為〇．七及〇．九三公斤，香港和新加坡分別為一．三九及一．四九公斤，澳門約為二．一一公斤，超出鄰近地區多個城市近倍，令人咋舌。

數年後的今天，我又重遇這位台灣朋友，她說再也不用從澳門空運廢舊電池回台灣，真是年度最佳喜訊。但如果澳門電池之旅的終點只是珠三角某個不見天日的廢棄物收集區，那她寧願繼續往日的垃圾搬運工作，為的不是拿廢電池去換超商的茶葉蛋、農會鮮蔬和獎金，而是一份略盡綿力的心安理得。

二〇一七年八月

修補歲月

粗魯女子如我，東西要修要補總是全年無休。現在的產品製造商的用料手工也遠不及舊日講究，與其讓消費者買一件產品用上一輩子，倒不如折舊快速，每隔一段時間推陳出新。

手機螢幕不穩定、手提電腦越跑越慢、鬧鐘日夜顛倒、手錶皮帶半年不到便破損嚴重、衣服破洞想要縫補、大衣鈕扣過半被弄丟、禮服要拿去放寬、平底鞋鞋底因膠水乾掉快要宣告獨立、高跟鞋鞋跟被碎石路磨蝕得擲地有聲、羊皮靴子要打蠟上油保養、牛皮手袋的扣子因受不了重量而斷裂罷工……

在都市，東西壞了舊了過時了，最便捷的處理辦法居然是丟掉。全球化的當下，一件快速時裝商製造的新衣，有著大量生產的平均成本和第三世界的廉價勞動力作支撐，售價可以不到四十港元，比修改一件舊襯衫還要便宜。

修改衣服的技工在澳門還算普遍，因為製衣業曾經是澳門的三大產業之一，那時候的女子大多是「車衣女」，即使九〇年代末製衣業式微，女工們還是留有一身好手藝接點補補縫縫的活兒。很多人覺得拿東西去修補，既麻煩又小家子氣，我卻不以為然，有時候連補衣的阿姨都説這破衣不能穿了，我還是捨不得，把每件破爛東西都説成是宇宙唯一此生最愛。我對舊衣的迷戀，非因喜歡二手古著，大概是由於先母做了一輩子製衣女工，讓我潛意識裡對每件衣服多少也心存敬意。

澳門人懶於修理舊物，説穿了，其實是因為澳門細小的市場支撐不起大多數國際品牌的維修部，總是望穿秋水才能修理好一個零件，所謂的售後服務，經常是漫長等待加上高額郵資。早前友人送我項鍊，鑲在上面的小水晶一年間就掉了兩次，拿到指定的專門店去維修，每次一等就是數個月。黏幾顆小水晶不是太高難度，難就難在沒有專業師傅，維修部設在香港，貨物一來一回全是時間，售貨員抱歉地説：恐怕只能等了……不然買一款新的？

維修部設在香港，的確是很多澳門消費者的噩夢。互聯網和智能手機尚未普及的年代，最怕就是壞掉電子辭典，寄去對岸修理再寄回來，運費都要消費者自付。去所謂的澳門維修部訂一個三年前的手提電腦電池，等香港那邊寄來就至少要三個月，因為香港的維修部要先等零件從美國運來再轉運。

三個月？在這個急速的世代，三分鐘都嫌太久了。

* * *

相比修衣補衣，想在澳門街頭找專業的補鞋匠要艱難多了，要找這些世外高人還得到處打聽。澳門碩果僅存的補鞋匠大多是老師傅，有時候鞋子壞了跑不動，我乾脆坐下來看他們縫補，順道聊天。澳門民間近年熱衷於做口述歷史，卻很少關注這些長駐街頭的老工匠——他們本身就是一部活的城市誌，是快將消失的城市風景。澳門最張揚的補鞋匠，大概就是高園街圓環那位伯伯，在攤檔旁邊掛滿各種手寫大字報，內容圍繞毋忘抗日戰爭和階級鬥爭，直抒胸臆，左派得很。事實上，年輕一代往往對維修器具一竅不通，東西一有損壞便隨即丟棄，連送回原廠維修的費用和時間都省掉，但長者的閱歷、經驗和手藝，卻常常意想不到地讓看似沒救沒用的舊物起死回生，甚至在修理的閒聊過程中，尋得社會交往的渠道，向年輕人傳遞實用的生活知識和智慧的同時，老工匠也重新獲得快樂、自信和尊嚴。

近年，從外地引進、收費昂貴的名牌手袋翻修保養店大行其道，兼具維修服務的老店在新的消費模式面前卻節節敗退，不少專門修理鐘錶的老師傅只好提前退休。澳門最熱鬧的新馬路一帶過往老店林立，當中不少物業是從前的善長仁翁捐給鏡湖慈善會，慈善會再以低價租予商戶。隨著澳門經濟大好，慈善會趁勢大幅加租，導致許多老店被迫搬遷或關門結業，由外地連鎖式高檔金鋪珠寶店取而代之。當時商界代表暨慈善會負責人面對傳媒質詢更直言不諱：「你要賣些高產值的東西，譬如賣手錶，現在好多手錶店，遊客買一隻動輒十幾萬，這些才能賺錢，賣些賺不了錢的有甚麼用？當然負擔不起昂貴租金，社會是需要進步，不能停滯不前。」

「維護舊的東西就是導致社會停滯不前的原因」，和大陸改革開放時代「發展才是硬道理」的邏輯一脈相承，它不只是商人遇神殺神遇佛殺佛的藉口，更不幸地成為當今許多大陸二三線城市的發展信條，「大破大立，拆掉重來」，這種短視的都市更新思維，忘記了文物保育其實是對城市文化的持續增值。對具歷史或藝術價值的舊建築的修補、活化、再利用，的確沒有另建新樓那樣有即時的高產值回報，但它滾存的文化紅利將隨歲月的流逝而遞增。如果當初澳門的文化管理者對歲月和舊物沒有半點敬畏之心，現在的澳門很可能只是香港大賣場的翻版，澳門歷史建築群就不會被納入聯合國世界文化遺產，早就隨歲月煙消雲散。

二〇一三年九月三十日

失落的匠人文化與留住手藝

台灣朋友到港澳地區旅遊，對建築物外牆的棚架特別好奇，也尤其害怕那些在城市的大街小巷零散地豎著、只靠竹子、木板和繩子搭起的臨時鷹架，不僅替竹子間爬上爬下的建築工友擔心，也怕途人穿行時可能發生危險。老外卻對「搭棚」這種輕巧的建築技術特別著迷，棚架因此成了港澳一道特殊的風景線。

如果想更深入了解澳門的建造業歷史，大可去上架行會館。「上架行」這個單詞讓人摸不著頭腦，恍若幫派名堂，但上架行拜的不是關二哥，而是魯班先師。

從小聽父輩說「三行工人」，以為「三行」專指裝修師傅，到了會館才知道有仔細劃分。中國古代，「三行」分別指「上架」、「中架」、「下架」，分別指建築、運輸和造船業，後來又專指「上架行」中的木工行、搭棚行和打石行。隨著打石行式微，被油漆行取而代之，而澳門輝煌一時的造船業也早就日薄西山了，加上分工越來越專業細化，「上架行」遂成木工業的專稱。

「上架行會館」創建於一八四〇年，是澳門最古老的工會之一，也是舊日澳門建築業工友的會址和俱樂部。大廳中央供奉著「工部尚書」魯班師爺，但最吸睛的還是那些牌匾和對聯，「求精窮理」、「規矩常存」、「規矩定方圓」，充斥讓人肅然起敬、樸實嚴謹的工匠精神。之前一直搞不懂墨和建築業有何瓜葛，門前一副對聯「引繩削墨成材地，蹈矩循規入妙門」卻透露了玄機。廣東話形容倒楣的極致為「黑過墨斗」，所謂「墨斗」，有說是指墨魚，有說是麥豆，但其實是指那個有鈎有棉線有墨汁的神奇木工工具，可以在任何表面上輕易劃出直線。但「上架行會館」最讓人讚嘆的，是木工工具互動區，榫印結構和魯班鎖的精巧，讓人無法不對古人智慧五體投地。

我是工人的女兒，父親做的是「中架」，母親以前常開玩笑說還是嫁給「上架」最好，懂木工的丈夫最可靠有用，做個碗櫃衣櫥也不求人，因而讓我漸漸萌生出「女人學會木工就不用靠男人」的念頭，尤其羨慕澳門天主教男校的高中部把木工和水電列為必修課。一想起維修家中水電，就深感「百無一用是書生」，面對有專業精神和創造力的工人，簡直是高山仰止。

以前看過一本白人寫的《男性生活白皮書》，書中開宗明義地聲稱增加男子漢魅力的不二法門，就是讓自己每逢周末，在家中找點東西維修，搭個燒烤爐也行，扭緊一下水龍頭也好，換個電燈泡也罷，反正要讓自己看起來具有創造力和修理技能。美國男人不一定擁有書房，但尤其重視車庫和木工房，電影《閱後即焚》和《史密斯任務》裡，當老公的不約而同堅持把木工房當作寧靜的小天地，連妻子也無權內進，前者祕密打造重口味的按摩椅，後者用來收藏槍械和私房現金。最誇張當然要數《魔力麥克》，好端端燒焊鑽幾顆螺絲，也讓這轉行做訂製家具的男人，亢奮得跳起豔舞來。

* * *

澳門的建築業界向來有巨大的社會及政治影響力，回歸以來大型公共建設無數，賭場度假村遍地開花，樓市興旺，可惜偷工減料、辦事隨便、闕漏繁多、危樓倒塌、地盤黑工、貪汙換地等消息頻現。急速節奏和敷衍心態，輻射至各行各業，「慢工出細活」變成低效、不夠精明和偷懶的象徵；手藝和規矩，在大興土木、講求搶佔先機的時代彷彿失去了意義。靠海吃海的澳門一直強調媽祖崇拜，但現今更缺的其實是魯班先師的認真精神。

澳門在明清時期曾經是製造業重鎮，鑄砲、外銷瓷、西洋鐘錶、私人訂製的西洋油畫這類對手藝要求甚高的商品，有不少產自澳門；澳門的造船業、神香業、炮竹業、製衣業等在二十世紀上半葉也曾繁榮一時，後來這些生產線都陸續遷往人力資源更便宜的大陸，勞動力密集的製造業加工業也因經濟轉型一落千丈。

在機器代工、人工智能與大批量生產的年代，到底製造業的繁榮是對工匠文化的損害，還是讓慢工細活變成一種新的商機？針對山寨、急功近利的產品充斥市場的情況，大陸最新的政府工作報告致力弘揚「工匠精神」，鼓勵精益求精，先義後利，恪盡職業操守，以改善「中國製造」等同粗製濫造的負面形象。「工匠精神」因此成為年度關鍵詞和流行語。

德國及日本向來以嚴謹得近乎龜毛的職人文化著稱，敬業專注，讓不少大陸網民高呼向德、日學習，卻忘記中國文化中早有講究規矩的魯班先師。台灣受日本潮流影響甚深，尤其崇拜追求極致和完美的所謂「職人魂」，其十年磨一劍的專注精神與技藝，讓庶民文化中的日常生產，變成不可冒犯的神聖專業。木工不只是技工，也是手工藝人，市井職人的執著認真，讓自身成為了機械複製時代的奇珍。在凡事必言文創的年代，創意被視為會下金蛋的母雞，但創意會被淘汰，潮流會過時；認真，才是當今最缺乏的文化軟實力。台灣的《尋百工》、日本鹽野木松的《留住手藝》等書，看得人熱淚盈眶，光顧手工老店成為自助旅行中越來越重要的一環。

澳門有沒有這種「職人魂」？我想是有的，精緻如木雕神像的慢工製作，日常如一爿食店每天花十小時熬製高湯，這些老店小店不約而同，把頑固倔強不合時宜，變成持久的競爭力，以及實而不華的在地魅力。

在浮躁的時代，要耐得住寂寞。認真沖好一杯咖啡做好一個書櫃，也是功德無量，於世有益。如果可以少說幾句「認真就輸了」的狗屁話，把時間花在對生活的觀察、對自然的學習，從而改進工具提高效益，從小處開始做造福萬民的事情，而不是整天得過且過敷衍了事，澳門也可以像魯班鎖一樣，小巧但對人類文明深具益處。

二〇一六年四月

歡迎來到自助時代

我討厭自助服務。大部分的自助服務機器依然很笨很慢很溫吞。

譬如拿著港澳回鄉證從澳門前往珠海，自助過關通道的那些機器永遠讀得出我的指紋，卻認不出我的模樣——也許是胖了、戴眼鏡了、換髮型了、沒化妝了，站在通道上左試右試良久，後面排隊的大嬸開始不耐煩咕嚕著：「站直一點啊！頭髮撥開一點！眼鏡脫下來！」直到紅燈亮起，海關人員慢條斯理走過來問我叫甚麼名字，打量半天才放行。莫名其妙的無辜感。我就是如假包換的我啊。有時候我和我的兄長甚至默默比賽，到底是傳統的人手過關模式好，還是電子自助過關比較快，結果是不相伯仲，機器跟不上人的造型變化。

我也討厭自動販賣機。越是高人口密度、低公共物品毀壞率、愛整潔、多夜貓子的地方，設有越多自動販賣機。日本人對自助機器的熱愛程度世界聞名，據統計，二〇一二年的日本，便至少有五百六十萬台自動販賣機，一年消費額達七兆日圓，更以平均每二十三人就有一台販賣機的密度比率，登上全球第一的寶座。各種各樣意想不到的商品（包括成人用品），都可以從那個四方形的龐然大物中跳出來。

我對自助機器的厭惡，嚴格來說是從自動飲品和零食販賣機開始。半夜或半路又渴又餓，好不容易翻箱倒櫃挖穿褲袋找到僅有的幾個零錢，謹慎地投進自動販賣機的窄縫中，然後聽著硬幣從高處墜下、被某個黑洞骨碌一聲吞噬，所有的燈頓時亮了（包括售罄字眼），便急忙瞄準想了十萬遍的那個按鍵大力拍下去——有反應沒反應，就看運氣和人品了。兩者都沒有，白花花的銀子也沒了，該按順序掉下來的包裝食品，總會被某個設計失敗的機關卡住，連個屁都沒出來。以前在女生宿舍，女生頂多拍它的頭踢它兩腳；男生宿舍的自動販賣機，在清晨時分常常呈倒豎蔥的慘狀。不是餓瘋了，為的就是那一口氣。

我討厭自助機器的另一原因，是因為身上經常沒有硬幣，更討厭的是它對紙幣的識別有極高要求，缺了一角，皺了一些，它都吐回來給你。讓人常常有拿到假幣的無奈。

我也不喜歡自助售票，尤其是外國的地鐵站。譬如洛杉磯的地鐵站，無業遊民衆多，工作人員卻沒有半個，就豎著幾個自助售票機。在亦步亦趨的流浪漢的監視下，我拿著錢包緊張兮兮地想買票，卻發現沒有零錢，紙幣放進去又沒緣由地一再彈回來，實在讓人心煩意亂。

充滿希冀、未知、緊張的投幣人生應該會漸漸消失了，現在中港澳融合加劇，自動販賣機除了接納澳門幣和港幣現金，澳門的「澳門通」、香港的「八達通」、信用卡閃付和大陸的電子錢包已越來越普及，電子貨幣的跨境使用，以及不帶現金只帶手機出門的情況更是常見。

美國人也很喜歡自助機器服務，愛其方便、高效、低成本。大多數女生洗手間貼心地設有衛生棉販售機，機場總是有一面牆那麼大的自動販賣機，賣小電器、電腦配件乃至化妝品。在加拿大生活的時候，為了多些機會鍛煉英語與人互動，我很少用自動販賣機，但不得不靠公共投幣式自助洗衣機過活，可是一想到別人內衣鞋子亂七八糟都丟進去，就覺得渾身毛孔都堵著。更重要的是，投幣式自助洗衣機總是吃了硬幣才壞掉，像招財貔貅般有進沒出，永遠投訴無門。

自動、自助服務，往往被視為城市文明、人口素質、治安和信任度的指標。相對起印度有黃金販賣機，韓國有人蔘產品自動販賣機，日本有販米機，澳門這個小城的自動販賣機還是相當老派地以飲料和電話卡為主。二十四小時營業的商店在澳門不多，自動販賣機有一定的捧場客，它們通常位處人流暢旺之地（公車站、機場、碼頭、商場、醫院、體育館、學校乃至政府機關），更重要的是坊間一致覺得它賣的飲品總是夏天夠冰涼，冬天夠温暖，而且絕不會買到冒牌貨。但澳門最多的自助機器，還是賭場的吃角子老虎機和電子賭檯，連賭博也早就發展出電子化的自助服務了。

現時不少政府服務都全盤電子化及自助化，以期提升效率，方便民眾，減少輪候時間和人力資源，譬如電子取籌等。但我對自助服務的抗拒，更多還是信心問題，覺得面對面的服務容易究責，自助服務則無從追討，而且限時、死板、頻出狀況，讓人大動肝火（不信打去銀行的自助電話服務試試看），對行動較遲緩又不熟悉電子設備操作的長者而言，更是一場噩夢。澳門沒有甚麼笨賊拿菜刀去砍銀行提款機，或提款機自動吐鈔市民拾遺不報的奇聞，但在自助提款機做手腳的情況還是有的。

自助時代，我們還在為不夠貼心的機器苦惱；進入人工智能時代，也不見得就能放輕鬆。人類就是如此矛盾，機器太聰明，又怕它圖謀不軌。不難預見，當政府有意朝「電子政務」、「智慧城市」發展時，民眾的即時反應往往不是雀躍不已，而是對機器的可靠性、數據的外洩風險深感焦慮。

不管我喜不喜歡，自助機器已經佔據了我的生活，深入肌理無處不在。美式酒吧的自助投幣點唱機、電影院的自助售票機、機場自助報到機、照相店的自助相片沖印機、一分鐘證件相快照機、銀行的自助櫃員機、圖書館的報刊放大閱讀機和自助圖書消毒機、旅遊局的旅遊資料自助查詢機、郵政局的自助郵票售賣機，民政事務用的智能身分證續期及特區護照自助服務機、刑事紀錄證明書自助服務機，還有幾乎是澳門特色的「醫療券自助打印機」和「在生證明自助服務機」……甚麼時候會有自助零錢找續機、自助零錢換紙幣機、公共腳踏車自助借還機，甚至專為雨天而設的自助全身風乾機和體味清除機？

早前在路上碰到一群人打著某慈善機構的名義，試圖說服路人助養非洲兒童，迫你說出信用卡號，還說網上辦不到相關手續。我跟推銷人員說，我比較喜歡自己上網慢慢看清楚資料，決定了再網上自助登記付款，你們這麼大一個國際機構的網站應該很完備吧。沒想到她回答說：「面對面，人性化一點，不好嗎？」

突然好像被閃電劈到般無言而對。原來在習慣獨行、保持距離的世代，我和許多人一樣，對自助機器的習慣，早已不是無奈的討厭，而是被馴養後的渴望。

二〇一五年三月

作為人均GDP世界第四的一員

世界銀行的數據顯示，澳門已超越瑞士，位居全球人均國內生產總值（GDP）全球第四名，僅次於盧森堡、挪威及卡塔爾。二〇一三年澳門的人均GDP達91,376美元，比排第二十四位的香港多近一倍。從名不見經傳的小城，到舉世矚目榜上有名，名義上我是親歷這十五年變化的人證；實際上，我對不起人民群衆，拖了這亮麗指數的後腿。

澳門曾以「緩慢美」著稱，現在只喜歡拋弄數字。回歸十五年，經濟增長翻了五倍，失業率低至一．七％。單是二〇一三年那四百五十億美元的賭彩收益，就是美國拉斯維加斯的七倍。澳門政府退稅百分之六十，再向每位市民發放折合三萬多台幣的現金。

街道永遠是經濟的寒暑表。窄小的馬路塞滿昂貴轎車、紐約常見的超長LIMO、寶馬和藍寶堅尼跑車，哪管根本物無所用（時速六十公里上限）。在澳門很少有機會坐上計程車，因為司機經常拒載，只打遊客的主意。

去賭場附近的銀行排隊，不時有人從背包抽出一百萬港幣現金，職員都神態自若，見怪不怪。同事經常接到放高利貸的電話，許多朋友的父母因沉迷賭博，家庭破碎。

傳統老店關張，換來滿街滿巷的珠寶店。在餐廳要用普通話點菜，在名店講英文粵語，根本沒人正眼看你。機場櫃檯人龍超長，大陸旅客每人託運三箱燕窩，行李箱包包風衣皮帶內褲都是外國名牌。我怎麼知道？他們把 Calvin Klein 內褲拉高到肚臍。

一浪接一浪連港台都看不到的國際展演，滾石樂隊、Beyonce、Lady Gaga 等大咖輪番登場。港台歌手頻頻來澳門開演唱會。五星級酒店的酒吧，唱的都是台灣流行曲。

經濟原地踏步的香港人，和深陷歐洲債務危機的葡萄牙人，也紛紛來澳討生活，後悔當初沒多拿一張澳門身分證以備無患。到了外國，我不用再花費唇舌說明澳門的地理位置；海關對著我的護照，不再露出處理稀世奇珍的表情。就連韓國人也千方百計要來澳門分一杯羹，包括北韓金正恩的兄長。三十平方公里的土地上，人口翻了一倍，密度堪稱世界第一。我盡可能繞過人擠人的市中心，周末不出門。

當然還有另一組數字。漲了十倍的房價，價格升了三十倍的車位。GDP 主要來自大陸賭客的貢獻，經濟成果卻進不了大部分澳門居民的口袋。按世界銀行的計法，澳門人的每月入息中位數應約為七六〇〇美元，但實際不到這數字的四分之一，這未算上高達百分之六的通膨。以買房子為例，一個普通二人家庭要買一所五百呎（十五坪）的住宅單位，不吃不喝也要供款十多年。仔細想想還不算太糟，至少比在台灣打工四五十年也供不完房貸好多了。

事情的真相只用數字是看不見的，諸如貧富懸殊，賭業獨大，地產霸權，醫療教育政制發展停滯不前。澳門越迷戀數字，越失去言說的能力，越看不見深層的矛盾和混亂。可是澳門人的幸福感和微笑指數，根本追不上ＧＤＰ的增長，看著政府每年公佈的過盛的財政儲備，卻沒有覺得城市變得更迷人美妙。

還是《小王子》的作者聖．修伯里說得好，你要向成年人描述一座漂亮房子，你說它的磚瓦窗戶有多美好是沒用的，必須說：「我看見了一幢價值十萬法郎的房子。」在各國奮力追求亮麗ＧＤＰ的當下，數字就是他們唯一看到的價值。

二〇一四年七月十七日

大富翁的城市學

討厭「大富翁」遊戲，因為我總是輸家。遊戲中最讓我不知所措的，是買地換地蓋房子總是後知後覺，到最後只能咬牙切齒忍受剝削。

「大富翁」遊戲始創人 Charles Darrow 是美國大蕭條時期的一個失業漢，我一直搞不清他到底是批判者還是空想家。二〇〇六年，「大富翁」推出澳門版，包括大三巴牌坊、媽閣、澳門機場等地標，真實得讓我玩出了雞皮疙瘩。

「大富翁」遊戲是資本主義城市建設的濃縮，重點是財富的累積，攻城掠地建立商業王國。遊戲裡唯一的公共空間，大概就是起點、監獄和喘氣用的 Free Parking 吧。

從遊戲回到現實，從一張白紙化為立體建築，抽象的空間變成切膚的感受。在眾聲喧鬧的當代亞洲，一座城市的面貌，一個區域的成敗，民眾的集體智慧經常淪為無關重要的參考，政府的所謂遠見、施恩和強力主導權，依舊被視為都市規畫的重點所在。

台灣近年出現許多的「蚊子館」，正是政府從上而下做決策的惡果。這些閒置的公共建設，大多是能快速建成、創造短期就業、投入有限的小型工程，但因為整體規劃、配套設施、營運費和吸引力的缺乏，最終淪為養蚊子的場館。作為政治角力的產物，「蚊子館」反映出地方派系、選舉機制、公共資源分配、城市規劃主導權等問題。這種建設可能換來短期經濟刺激和政治籌碼，卻無法帶來高效益和高附加價值的永續發展。

低使用率的公共建設固然可惜，水泄不通的公共空間也很可恨；「煙火式」建設和敷衍了事的「達標式」規劃，都是城市的不幸。

面對人口遽增，澳門不斷填海造陸。每天往窗外看，都能看到一片嶄新的陸地慢慢成形，它正是用途曾經多番公眾諮詢、位處澳門半島東面的新城填海A區。然而在某個選舉夜，整個規劃被推翻，變成最大的公屋區，將來更極有可能成為澳門乃至全世界人口密度最高的地方，可是公共設施配置和公共空間比例的含糊不清，讓市民深感憂慮，猶如摸不清那個白鬍子大富翁的底牌時的惶恐。

諷刺的是，台北和澳門最迷人的地方，都是蜿蜒不一的傳統社區聚落，諸如台北的寶藏巖、城南巷弄，以及澳門的下環街和雀仔園。這些「不夠整齊」的城市區域，恰恰是最生猛、極具親和力的所在。但面對土地資源緊張，地產霸權冒起，政府已無法放任一塊新土自由發展，如何有效介入、平衡公眾利益，同時達至城市的可持續發展，必須鉅細靡遺尋求共識。

土地規劃，到底誰說了算？城市如果只有一個勝利者，文化和民生都只會破產收場。一盤明刀明槍的大富翁遊戲，幾個小時便可分出勝負；但私相授受的土地瓜分，到頭來無從追究，卻禍延後代。在早已劃分用途的大富翁遊戲卡紙上，參與者也許無從選擇；但如果公民希望城市是宜居之城，而非擠如鳥籠或塞滿蚊子館，恐怕不能只寄望政府的骰子、富人的良心，或命運之神的機會卡，而是要勇於改變不合時宜的遊戲規則。

二〇一四年八月十四日

格蘭披治賽車道上的家園

剛從加拿大回到澳門，我寫了一首俳句，題為〈東望洋賽車道〉：「鐵城牆／小黃曬成了小黑／馬路在脫皮。」那時的我隔岸觀火，不免把圍著黃黑相間的防撞欄、路面被殘酷輾爛的格蘭披治賽車道，寫成可愛的模樣。過了不久，被澳門的黑色計程車司機欺負多了，我寫了另一首詩〈方向〉：「我們各自在自己的舒適中，因沉默而邪惡／此刻，唯有金錢在起搏一顆鋁製心臟。／彷彿，我和黑色車廂合而為一／流動如城市體內一滴陌生的血。」

曾經在一個聚會中，聽兩岸三地的作家分享坐台灣計程車的奇聞趣事。芸芸的台灣運將，有怨天怨地怨社會的苦命人，有為女兒聽古典音樂提高品味的老人，有不講台語就趕人下車的政治狂熱分子，有紅燈前拿笛子吹半支樂曲的中年人，有把車廂改裝成流動KTV包廂讓客人點唱的熱情伯伯……但台灣的計程車司機，總體還是保持專業有禮的形象，車廂乾淨整潔，甚至有鮮花插在花瓶。

我心裡有鬼，沉默不語。大家果然把目光投向我：「澳門的計程車服務為何如此糟糕？」

冰封三尺，非一日之寒。極少數的計程車執照與龐大的旅客量，讓供不應求的現實成為討價還價的籌碼；價高者得的投標方式，把營運執照推至豪宅般的天價；政府監管不力，致使計程車這個應有公定標準介入，變成宰客的私人場所。差劣的服務態度，反而助長哩程計費漲價的氣勢，市民旅客怨聲載道，交通部門成為箭靶，但收集到的建議並沒有化作實際行動。意見接受，態度依舊。

反過來想，交通配套不便，讓旅客減少訪澳意欲，能間接減少城市的承載壓力；迫著市民多走路，長遠減少公共醫療服務的開支；逼使行動不便的長者及病患擠公車，有助他們融入社會。父母官可謂用心良苦。

道路從來都是赤裸裸的權力賽道。想要了解一座城市的公共秩序、土地空間的分配、法治精神的强弱、經濟市道的狀況、成功人生的定義、人心有多浮躁、民衆有多愛國，在馬路上走幾圈就可以知道。古代貴族騎馬橫行，要平民百姓讓道脱帽行禮；現代汽車出現，象徵資本主義可以改寫命運改變地位；到當代推崇「行人第一，單車第二，機車汽車第三」，企圖用樂活潮流和資源永續的信念，讓道路權力重新洗牌。

有了好的公共交通，還要容得下個人化的單車、行人，乃至滑輪、滑板。台北交通燈號清晰，行人道動線合理，然而缺乏一氣呵成且安全的輔路或單車道，讓我還是無法放心騎 Ubike。香港電影裡，黎明用單車載著張曼玉唱《甜蜜蜜》，如此經典的一幕若換到台北，恐怕只會被胡亂切進單車道的公車機車逼成絕唱。

此心安處是吾鄉。哪天要是我敢騎著單車上大街，代表我已把那座城市看成自己的家。在號稱「單車大城」的北京，我用了一年多的時間，才敢騎車上路；對台北的信心，也許要再累積一段日子。澳門呢？我已經在格蘭披治賽道上，苦等接近三十年了。

二〇一四年八月二十一日

黑夜霓虹，白日陰影

想像一座城市，有很多的方式，譬如走路或看電影。

三十多年前的《〇〇七：金槍人》，詹姆士龐德首次來到澳門，電影裡首個澳門鏡頭，就是黑夜中賭場的霓虹招牌。到了《〇〇七：空降危機》，詹姆士龐德因為一個賭場籌碼，從高樓立林的上海追查到澳門，那個在攝影棚搭出來的虛構的「澳門」，低矮地活在中式燈籠和陰影中，讓我隱隱感到一種東方主義式的羞辱。但這個妖魔化的場景，沒有突兀的高樓，天際線乾淨，竟有幾分像我小時候的澳門。

從寂寂無聞的漁村，變成所謂的「國際化」都市，澳門既有亞洲新興城市常見的筆直大道、系統路標和精心規劃的人行道，也像歐洲某些舊城區，以教堂或廣場為中心輻射狀散開，左轉右拐都是四通八達的鋪石路。標新立異的賭場建築，鱗次櫛比的摩天大樓和高層豪宅，成了城市經濟力量的終極象徵，澳門現代化進程的具體呈現。

澳門早在葡萄牙人管治時期，已對歷史城區周邊建築高度有嚴格限制，在現行法律下，一般建築物的高度須與面向街道闊度成七十六度角，以免街道被建築物的影子完全遮蓋，這種建築規範，也就是俗稱的「街影條例」。它不僅讓舊城區保住了世界文化遺產的頭銜，也確保街道樓宇有充足的日照和通風空間，讓一直取笑澳門留戀廢墟的香港人羨慕不已。香港於八〇年代中期取消街影條例後，屏風樓、牙籤樓林立，不僅破壞天際線，引起熱島效應，同時增加流行性病菌傳播的可能性，對城市景觀及居住環境帶來難以挽回的影響。

當百年難得一遇的熱錢湧入澳門，「街影條例」也一再破例，舊區中的超高樓，變成霸王硬上弓的事實，地產商甚至挾都市發展之名，鼓吹廢除街影限制。土地資源緊張是事實，然而新蓋的超高樓大多是超級豪宅；遲遲不願開放二十四小時珠澳通關，以增加居住選擇，其中一個主因正是怕樓價下滑。連暴發戶式的紐約曼哈頓，也沿用「街影投射」管制半個世紀至今，令摩天大樓林立的城市不致於被陰影完全籠罩。不是街影限制不合時宜，而是利益集團貪得無厭。

無論是澳門街影條例的廢存、輕軌走線，或是香港保育行動、反地產霸權，抑或台灣的都更爭議，乃至一棵老樹的去留等，其實全都是「都市生活主宰權」的問題。都市生活主宰權，看似是理所當然的公民權利，然而經歷數百年殖民，到一國兩制中有限度的自治，市民卻一人一票，最後選出地產商及賭場老闆擔任立法會議員，期待他們來監督城市的發展方向，像詹姆士龐德忠心不二為女皇保駕護航。直至發現自己的城市，已變成密不透風的鐵屋子，該醒的人都在裝睡，才學懂自己的城市要自己救，卻無法在過往的殖民地經驗中，找到可靠的辦法或出口。

黑夜霓虹，白日陰影，這樣一座城市，是詹姆士龐德的戰場、地產商的寶藏，不是我熟悉的家園，甚至陌生得有點難以想像。

二〇一四年九月二十五日

複製成人樂園

離開清心寡慾的佛蒙特，到紐約轉機。聽到我之後的行程，別人總吃驚地瞪圓眼睛。

「從東方拉斯維加斯，到西方拉斯維加斯。看看那個我們努力複製的母體。」

白天的拉斯維加斯就像整容失敗的女生，不能近看，粗糙複製的建築外，倒臥著宿醉的男子。一到晚上，它又活過來了。半空中看去，這座不夜城亮得像一盆碎金子。

小一號的巴黎鐵塔、埃及金字塔、紐約自由神像，以及色情卡片派發員、「女孩送上門」宣傳車，各式低胸晚裝、亂按喇叭的飆車族、在電梯裡行為失常的伴郎、穿得像白雪公主的新娘子……情緒化症候群傳染迅速，彷彿在這個「罪惡之城」，不放縱是唯一違法的事。

旅客周末來吃喝玩樂，瘋狂過後信用卡一刷拍拍屁股閃人，不知道在那裡天天收拾殘局的居民打工仔有何想法？服務人員見識過各種光怪陸離的旅客，在他們雲淡風輕的臉上，你知道任何奇思妙想或瘋狂念頭，在這裡都會有求必應。美國的小費文化，在拉城也演練得登峰造極。

許多老美沒有聽說過「澳門」。我說那個東方小城有跟這裡一模一樣的賭場，老美聽來，不過如同大型快餐店到亞洲開分店般芝麻綠豆的事。我沒有告訴他們，澳門博彩年度總收入早就遠遠超越拉斯維加斯，因我心知肚明，拉城早就把盈利重心轉移至餐飲、娛樂、購物、會議展覽等方面，打造不只有賭博的成人樂園；澳門模仿多年，還沒有太大進展。

澳門一直努力複製里斯本的葡式優雅，以及拉斯維加斯式的金光燦爛。我們抱怨政府仿製昂貴的葡式碎石路，嘲笑賭場東施效顰搬來拉城的假火山，移植和嶺南風情格格不入的威尼斯和希臘元素。十五年過去了，我們由最初熱切期待「橫的移植」，可以令城市急速國際化，到感嘆城市因為複製而失去個性，成為不倫不類的全球化產品。

拉城複製世界各地的元素來創造噱頭，澳門則複製拉城的建築、經驗和營運模式，同時努力用改良主義消解中西文化差異，不甘心淪為二度複製品。城市樂園化的過程中，外資博企和政府慢慢學習「接地氣」，如賭場入口查證件、逐步禁菸、禁止派發色情單張等，居民和旅客則不斷爭奪資源（如夜市的建立），把城市的所屬問題放到了檯面。

國際都市如北京紐約，都有一種不屬於任何人的胸襟，反而讓外地人想要努力融入其中。成為國際樂園，意味著要向世人敞開大門。拉城可以不是誰的拉城，然而澳門人還未準備好失去舊日的澳門，以致我們在鬧哄哄的國際化進程中進退失據，自覺家園淪陷。

卡夫卡在《變形記》中，描述推銷員一覺醒來變成大甲蟲，從而表達對異化的恐懼；澳門人則越來越像澳門作家林玉鳳所說，每天迎來「一覺醒來在拉城」的時空錯愕。澳門人在無限複製的過程中感到新奇又害怕，就像拿到迪士尼樂園的入場券，卻發現將永遠困在那裡。

二〇一五年一月十五日

都市樂活人

旅客較少的地方，諸如盧九公園、水塘健康徑，經常有居民閒適地舞劍、耍太極，不少老外也專門去跟著學。每天早上經過塔石廣場，廣場舞的背景音樂總是林子祥的《男兒當自強》，不由得精神一振。

身邊越來越多朋友開始過上「自食其力」的日子——自己打豆漿、果汁，烤麵包、曲奇，種瓜菜，製陶杯，練瑜伽，學中醫；口頭禪是「提防黑心食品」、「抗空氣汙染」、「防癌」、「養生」，但他們不會自稱是「LOHAS」。

在澳門，「樂活」（LOHAS）這個詞不算普遍，大多只是出現在展銷會上。LOHAS是Lifestyles of Health and Sustainability的縮寫，大意為以健康及生態永續的態度生活。樂活族的特色是關注個人健康，推崇有機飲食、自然療法、靈修冥想等以達至身心平衡，同時關注環保議題和社會責任，例如身體力行地選擇可重複使用的能源（如太陽能），或盡量購買有機、可回收、低碳足跡的在地產品。

相比香港和台灣，澳門以緩慢的生活節奏聞名。澳門的所謂「樂活族」，更多是純粹抱著獨善其身的心態祈求長命百歲，而非一心想盡公民責任積極參與環保工作。

自從開放大陸自由行旅客來澳，訪澳旅客數字屢創新高，小城每年迎來三千萬人次訪客，市中心每天人流如鯽、摩肩接踵。居民大多感覺資源變得異常緊張、公共空間減少、交通壓力增加，甚至到了損害生活品質的地步。然而生活品質是個抽象的概念，決策需要數據支持，「城市承載力」這個學術名詞終於浮出水面。

「城市承載力」本質上是個綜合衡量評價系統，土地承載力、水資源承載力、交通承載力、環境承載力、城市的資源分配和生態環境等都是要考慮的元素。現時有關澳門「城市承載力」的討論，大多停留在是否能確保旅客獲得優質服務，以及居民生活節奏及公共空間是否被影響的層面。但我們能不能藉此機會進一步探問，旅客還未大量湧現之前，這裡的平民百姓是否已有健康理想的生活和居住環境？可持續的生態發展是否一直被政府及全民重視？澳門人的公共空間面積本來是否足夠？破壞山體後的最大得益者是誰？政府有否積極改善公共交通狀況？

假若迴避這些問題，那麼「城市承載力」、樂活指數和GDP一樣，只是一堆給外人看的參考數字；真實的感受，澳門人冷暖自知。

「城市承載力」最明顯的反映，是交通承載力。澳門的輕軌落成遙遙無期，三千萬遊客與六十萬居民競爭數量奇缺的計程車（二〇一四年澳門約有一一八〇輛計程車）和公共巴士，大量賭場免費穿梭巴士充斥路面加劇交通擠塞，給市民帶來極大的通勤壓力。交通問題成為繼住房和醫療之後，最多民怨積聚之處。

外地朋友可能會說，那就自己買車吧。反正澳門的車輛密度已從二〇〇四年每公里約三九〇輛，增至二〇一三年每公里約五四一輛，遠超國際警戒線的每公里二七〇輛，車輛密度居世界前列。

不買車，一方面自知開車技術太差，二是一個人用車很浪費能源，三是車位早已是難以負擔的天價。眼見身邊買了小房車的朋友們整天抱怨「養車」不容易，在市中心兜兜轉轉一個小時找不到車位是常有的事，很多人乾脆再買一部機車，視乎情況選車出行。不難想像，一個家庭坐擁數輛車的狀況，只會令路面車輛越來越多，空氣汙染指數愈發糟糕。

單憑減少個人「碳足跡」來改善環境，雖然杯水車薪，但不積跬步無以至千里。所謂的「低碳生活」（low carbon living），是指生活作息時所耗用的能量要盡可能減少，從而減低二氧化碳的排放量。低碳意味節能，節電、節油、節氣、垃圾分類、資源循環再用，讓環保工作由生活的點滴做起。

「環保」除了直指個人良心，也影響著企業、組織和國家的形象，有時也不免成為一種治標不治本的「作秀」。不單北京奧運會以「綠色奧運」為口號，上海世博會更以「低碳世博」作為核心理念，其中包括臨時場館的「低碳」拆建、推廣由垃圾家具組成的「零碳館」、舉辦「低碳」公益演唱會、推出「世博綠色出行低碳交通卡」、選用「低碳網路視頻會議系統」等，「人定勝天」不再是發展中國家的主旋律，科技與自然更靠近卻是真正的形象工程和大勢所趨。

想成為真正的都市樂活人，不只是生活方式的選擇，而是與城市規劃及政府決策息息相關。政府欲打造宜居之城，就必須從日常的通勤入手，建設快速和完善的公交網絡，令市民身體力行把低碳理念融入日常生活，不要低估交通及環保對一座城市形象的影響力。

二〇一四年三月十四日

小廣告與色欲都市

台灣文友跟我抱怨，色情小說專欄比純文學寫作受歡迎多了。這不禁讓我想起香港作家劉以鬯的小說〈酒徒〉。

〈酒徒〉的背景是上世紀五六〇年代的香港，主角為了糊口，淪落至為報章副刊撰寫色情小說為生。主角也是這樣抱怨：「我已經想通了。我不願意將幻夢建築在自己的痛苦上。如果來世可以做一個歐洲人或美洲人的話，我一定以畢生的精力從事嚴肅的文學工作。」

看香港的報紙，那份薄薄的風月版副刊讓人很不好意思。更讓人臉紅的是，內容大部分是關於澳門色情場所的最新報導，還訪問那些隻身來澳賣淫的外地少女，離鄉背井工作是甚麼樣的心境，對港澳客人的喜好有甚麼看法等。香港禁娼後，香港人成為澳門黃色事業的一大客源，令澳門的娼妓活動更為蓬勃。澳門人老是抱怨香港人毫不關心這座小城市，也許是誤會了。

幾年前台灣有一個「欲望城市排行榜——報紙色情陷阱大調查」，發現刊登色情小廣告數量最多的縣市依序是新北市、桃園縣、台北市，高雄縣、高雄市並列第四，台中縣、台中市並列第五。但跟港澳報刊的大尺度相比，台灣的色情小廣告的內容，其實已經很節制了。

澳門學生最常辯論的議題，是「中學生應否談戀愛」，朋友說台灣的高中辯論隊，早就上升至「賣淫應否合法化」這個層次。但這不代表台灣人就比較性早熟，澳門學生都是純潔小天使。據調查資料表示，台灣及澳門人的平均首次性行為年齡分別為十五・六和十五・七歲，根本不相伯仲。

即使自問潔身自愛，不嫖不娼，青樓文化也離我們不遠。在國際酒店門口被俄國妓女「問候」的經驗，是許多澳門男子的集體記憶；昔日的「紅燈區」福隆新街，還是迄今為止保存得最完整的中國青樓建築群。每天翻開澳門報紙，各種肉體橫陳的水療桑拿廣告紛紛映入眼簾，還不時可以看到派發色情卡片和裸聊勒索的犯罪新聞。

在澳門，個人賣淫並不違法，但促成、幫助、操縱或便利他人賣淫，並以此為生活方式或意圖營利者，則屬刑事犯罪行為。也就是說，本地或外地人在澳門賣淫並不違法，操控賣淫者如果不被賣淫者指控很難算作違法，在報刊上刊登性暗示廣告也不違法，但對於受僱的色情單張派發者（往往是找不到工作的中老年人，或以工抵賭債的旅客），警察則可以觸犯「淫媒罪」的罪名嚴格執法。

博彩業和性行業往往是一家親，但澳門人對博彩這個龍頭產業的態度，比對賣淫事業謹慎多了。澳門人可以容忍外地人賣淫，但不能容忍他們從事博彩業；政府部門可以和桑拿浴室共用一座辦公大樓，但公務員只能在農曆新年才可以進入賭場範圍玩樂三天。

原來，那些報紙的小廣告，不是在考驗男女對色欲的忍耐力，不是在測試一座城市對色情行業的包容心，而是人們為了經濟繁榮和自身利益，可以訂下多少睜一隻眼閉一隻眼的遊戲規則。

二〇一五年一月一日

達人與土豪

下班逛書店，最多人圍著的書架，永遠是旅遊類。計劃出國旅遊，是除了工資以外，讓許多上班族願意準時起床的動力。港澳人喜歡一邊吃鹹魚青菜，一邊看美食節目主持人大啖鮑魚，把旅遊冒險節目當成勵志劇看。明星代我們吃了美食，去了美境，然後我們許諾，有朝一日，自己當不了旅遊達人，也要當一回土豪。

人們開始愛上背包行自駕遊，購買旅遊書，上網爬文看部落格，綜合資料貨比三家，尋找優惠券，加入酒店會員，累積飛行哩程，準確計算景點之間的距離和交通時間，想辦法吃得最地道又划算……「旅遊達人」、「專業玩家」的稱號，對他們是至高無上的加冕。

城市也像人一樣，越來越渴望頭銜。台北爭取「二〇一六年世界設計之都」的榮譽，定位為不斷提昇的創意城市。與此同時，「達人化」越來越普及，網絡成了亮相的舞台，甚至改變了我們對傳統學院專業分工的認知。觀光局全方位推廣青年壯遊、鐵馬環島成人禮、在地深度遊，媒體和民眾對各類「專家」、「達人」、「匠人」愈加尊崇迷戀，甚麼「台北小吃達人」、「捷運轉乘達人」，隨時有十萬粉絲相隨。

也有一些城市，沒有渾然天成的本錢，也不甘淪為複製品。「東方蒙地卡羅」、「亞洲拉斯維加斯」不是我的真姓，澳門豪情萬丈地說，要成為「世界旅遊休閒中心」。

面對享樂主義的泛濫，旅客至上的城市發展思維，企業更是火上加油，喊出「在這裡，你就是皇族」的響亮口號，豪華轎車、黃金地板、水晶大堂應有盡有……外資賭場擁抱有想像力的消費者，土豪在這裡受到尊重；精打細算的旅遊達人，在澳門最好轉戰舊區老街，自求多福。

上班的時候，我們努力把家園打造成享樂的宮殿，吸引土豪來大灑金錢；下班後，我們化身旅遊達人，等待終有一天在他鄉顯露實力。想知道一座城市的達人有無用武之地，看看人們是否站在專業類的書架前，研讀圍巾的編織技巧、相機的鏡頭分析，還是終日站在旅遊書架前，等待下一個出逃的假期，幻想不一樣的人生。

香奈兒說過：「人們以為和奢侈對立的是貧窮，其實是庸俗。」同樣地，粗枝大葉的土豪，它的反面不是錙銖必較的達人，而是鼓勵庸俗的政府和企業。達人的樂園，土豪的宮殿，城市的定位不見得只能二選一。有時候，城市越是鼓勵民衆「沒志氣」地對小事情專注執著，把興趣當成品牌經營，越是獲得意想不到的生命力和多樣性，從而轉化成具競爭力的專業和產值。

無論是設計之都，還是世界旅遊休閒中心，求的是實在的細節，而非虛有其表的稱號和美化工程。不然等到達人都跑江湖去了，再華麗的舞台也湊不成一場秀；再堂皇的宮殿，也不過是個吞噬一切的蝙蝠洞。

二〇一四年十一月二十日

行李是終極的斷捨離

「精緻的旅行，從一個帥氣的行李箱開始。」

那是時尚雜誌的洗腦文案，哄騙熱衷旅行的中產階級。讓我眼前一亮的，倒是台北那些租借名牌行李箱的店鋪，能有如此洞悉庶民經濟的商業頭腦，必有精打細算與貪慕虛榮的社會氛圍作後盾，方能在全民旅行家的年代，混得風生水起。

芸芸奢侈品中，昂貴的行李箱最為不可思議。跑車不會隨街亂停，珠寶不會託人保管，過萬元一個名牌行李箱，卻大剌剌的，任它在各大機場輸送帶上被拋被壓被刮。身邊的朋友，為了要像明星出巡，拉風地推著一整套名牌箱子穿州過省，甚麼行李箱能投資保值、招惹豔遇的爛理由都用上了。難怪電影《藍色茉莉》那個要面子的女主角，破了產投靠親戚，也不忘帶上路易威登的木製箱子。

在桃園機場，特別耀眼的行李箱不算多，倒是在北京、澳門、香港的機場，各個外國的名牌箱子魚貫而出，猶如天橋時裝秀，材質一個比一個高級講究。機場的外形和硬件設施終究是國力的幻象，國民的行李包，才是鐵錚錚的經濟指標，新貴拖著行李箱，像拖著一頭名種狗般趾高氣昂。

倒是我那個粗糙土包子行李箱，滿身傷痕地躺在行李輸送帶上，遠遠便露出一股悍氣——拉鍊扣子掉光、接口隱隱爆裂、輪子磨蝕得不成樣子、伸縮的拉桿反應遲鈍、密碼鎖滄桑難辨、貼滿撕也撕不掉的航空飛行貼紙……這個不到四百台幣的行李箱，從我兄長到台灣念大學開始，輾轉陪我出國念書、出差工作，至今十三個年頭，終於光榮退役。畢竟行李箱作為傳家之寶的優雅和親密，在追求新媒材智能設計的年代早已過時。

戀物癖說不上，但選擇困難症是有的，我家裡有大大小小六個行李箱，皮革、纖維尼龍、鋁合金、塗漆硬殼、ＰＣ塑膠、三百六十度滾輪登機箱配海關鎖……有些行李箱每年只用上一兩次，應付偶爾的出國任務或特殊探險，它們大部分時間只充當一件昂貴占地方的家具。

如果放下是人生的終極境界，打包行李就是「斷、捨、離」的反覆試煉。我們以為美好的旅程，就是「必吃、必買、必逛、必玩」的排列組合，其實它是從捨棄開始——捨棄偏見，捨棄身外物，捨棄多餘的花枝招展，就像台灣長輩憶述當年如何從大陸渡海到台灣，多少兵荒馬亂中的寶貝，多少輪船所無法負荷的行李箱，多少無從估算重量的歷史，一一被丟進那個海峽。想了解一個人，不一定要坐下來打一圈麻將，打開他或她的行李箱，就是生存智慧的赤裸展示。

道聽途說的戰亂和貧困經歷，成就盛世瘋狂戀物的藉口與基礎；二十英吋的空間，讓我們直視無窮無盡的不安與欲望。當年二十歲不到的父親辭別親人，隻身從大陸游水偷渡到澳門，這個一窮二白的年輕人，直把青春作盤川，連一雙鞋子都沒有帶。唯一的行李，是衣錦還鄉的欲望，以及我這代人所欠缺的、敢於割捨掏空的勇往。

二〇一四年九月十一日

悠閒與任性之間

「從前的日色變得慢
車，馬，郵件都慢
一生只夠愛一個人」
——木心〈從前慢〉

許多朋友問我，澳門應該怎樣玩。在我看來，遊覽澳門最好的方法，是亂逛。用腳走，連地圖都不拿一張，相信你的直覺、嗅覺、聽覺、眼光。小店、老店、舊建築碎寶石般星羅棋布，分散在意想不到的角落。只要你願意慢下來，這座城市就能給你悠閒和任性的空間。

悠閒，一直是澳門給人的印象，好像這裡每個人都可以寫點〈浮生六記〉的小品文似的。木心的詩〈從前慢〉，也可以套用在舊日的澳門。

近年訪澳旅客和外傭人數激增，生活節奏加速，市中心終日人山人海。我從前喜愛四處走走，現在宅在家反而覺得是一種天賜的幸福。有時候非要去旅遊區一趟，黑壓壓一片都是五湖四海的旅人，既為經濟發展感到欣喜，又為城市淪陷感到無奈。

自我定位為「好客之都」的香港，和大陸旅客由來已久的矛盾和對立情緒，隨著早前民間的「反水貨客」行動升溫，激進的本土主義者甚至搬出「愛國請用國貨，別來香港買進口貨」這種傷感情的話。突然間，網上多了句應景的廣告語——「如果香港傷了你的心，到澳門來吧。」有趣的是，香港前保安司司長恰好作出呼籲，稱讚澳門這麼小的地方都受得了龐大的旅客量，香港人應該向澳門人學習。

澳門人在「悠閒和繁榮」這個看似二項選擇的困局中，心態比香港人其實糾結得多，分明聽到城市發展的骰子在搖在響，卻沒有立定主意要押大還是押小。澳門旅遊學院日前公布最新研究，指澳門的年度接待力範圍約為三千二百萬至三千四百萬人次，澳門旅遊接待力去年已達飽和點。

澳門面對旅遊業繁榮而產生的問題，不只是切身的城市資源爭奪，還有城市風氣的轉向。現時大陸的消費文化，不是有錢買悠閒，而是有錢就任性。澳門近年面對大陸打貪所致的賭稅收入下跌，更積極推動所謂的旅遊家庭化和高端化，一方面打造主題公園、小吃街、合家歡表演秀，一方面為貴賓客戶提供更「任性」、更「皇族」的服務，務求像拉斯維加斯一樣，成為大中華地區最鼓勵「任性」、最努力「滿足客人願望」的地方。有趣的是，大陸土豪的欲求，遠遠超過澳門商家的想像力，把任性變成無關品味、只關乎財力和權力的事，甚至反過來刺激澳門平民百姓對任性行為的蠢蠢欲試，讓政府不得不推廣「負責任博彩」、「賭場禁足自願登記」這類隔靴搔癢的措施。

悠閒的澳門，是散文和詩的理想題材；任性的澳門，是適合寫小說和戲劇用的；夾在兩者之間的澳門，卻是揪心的報告文學。「如果香港傷了你的心，就來澳門任性」，可能對土豪而言是磁鐵般的文宣，但澳門的可悲之處，不是只能默默忍受別人來自己的家園撒野任性，而是這座城市單一、畸形的經濟結構，讓澳門人在努力挽留悠閒生活的同時，不得不依賴別人的任性過活；更甚者，心底暗暗祈盼，這種到別處撒野的任性權力總有一天落到自己手裡。

二〇一五年四月九日

惡作劇

早前去看王爾德的輕喜劇《不可兒戲》，朋友感慨英式幽默雅俗共賞，港式幽默卻一直停留在屎尿屁踩蕉皮的「無厘頭」套路中不思進取。

可是在面積比香港小四十倍的澳門，幽默卻是珍稀品。小城充斥著各種鬥智鬥力的裸聊陷阱、祈福黨、「猜猜我是誰」騙財電話和賭場老千，卻容不下針砭時弊的政治漫畫、街頭塗鴉或模仿秀。在缺乏氣度的當權者眼中，幽默感才是這座城市最危險的壞人。

「笑」等於「壞」，也是我母親在這小城悟出的生存哲學。母親從小教訓我，不要整天嘻嘻哈哈做人，因為笑會令人疏於防範——一向强悍的她曾在路上被賊人强搶項鍊，以為不過是好朋友逗弄拍肩，回眸一笑間放下了戒備；她也曾在半夜接到至親離世的電話通知，極少流淚的她放聲痛哭良久，到天亮才知道是無聊的玩笑。她叮囑我看到老婦跌倒別去扶，路上閒事勿理……雖是經驗之談，我覺得母親小題大作了。

我的幽默感很遲鈍，整人節目遇到我，不知道誰比較倒楣。曾經在公園被一對情侶懇求幫忙用拍立得拍照，我雖趕時間卻不忍推辭，按下快門交還相機轉身離去，男生卻大喊一聲。

「抱歉剛剛背後有個伯伯走過，可能也拍進去了。」我邊回頭邊說。

奇怪，他手上那幅極清晰的照片中，除他以外，沒有白衣女友，也沒有誤入鏡頭的伯伯。我急忙為自己差勁的拍攝技術道歉。

「沒有女生啊，一直只有我一人，你是不是看到甚麼了？」男生一臉驚恐，我環顧四周，的確沒有其他人。

我快速推理，已覺事有蹊蹺，即影即有底片不是要等幾分鐘才成像嗎？看到男生嘴角按捺不住的興奮，我就確知自己墮入無聊的惡作劇了。直至我揭發旁邊隱藏著攝製隊，他們便推說「在學外國人錄整人節目放上網」，卻拒絕表明身分，堅持保留錄影片段。即使在理論過程中，我多番表示「不願被拍」，他們還是把錄影機鏡頭緊緊的貼過來。既然以侵犯他人隱私為樂，只能報警處理了。

幾個月後，澳門的公共汽車全部組裝了新的小型數碼電視，那個在澳門公園拍的整人節目，開始在大大小小的公車上循環播放。被作弄的對象大多是老人，也有我認識的長輩。

我總是受了教訓，才明白母親的用心良苦。

整人節目本質上是情境考驗，測試大眾面對突發事件的反應和情緒；但如果純粹為搞笑而搞笑，甚至不擇手段，它很容易成為傳播「捉弄他人能製造歡樂」、「娛樂大眾所以偷拍合理」等錯誤觀念的最大途徑。

被耳濡目染的惡作劇包圍，有些人開始莫名地深感責任重大，以為美式幽默日式Kuso等同文明進步，立志讓自己的城市和國際「接軌」，用幽默「療癒」大眾；卻不知道盜亦有盜，就連整人節目層出不窮的美國，也曾把種族歧視、虐畜等議題赤裸裸放在路人面前，讓觀眾反省道德抉擇。

噤若寒蟬、排斥幽默的城市固然了無生氣，俄羅斯龐克樂團Pussy Riot，不顧被囚禁的危險，用幽默示威抗議，穿著奇裝異服高唱「請聖母瑪麗亞帶走俄國總統普丁」。另一邊廂，大陸昆明恐襲事件過後，一聲「砍人」的俏皮話，導致成都街上百人狂奔；台北捷運隨機殺人事件發生不久，相關的網路惡作劇訊息更是傷口上撒鹽。低級玩笑開多了，許多搞惡作劇的人已傻傻分不清，自己到底是把幽默感當成對抗強權的皮鞭，還是傷及無辜的尚方寶劍了。

二〇一四年六月五日

追夢的泡泡

有天看到台灣旅遊節目介紹澳門，主持人拿著一個旅遊紀念品店常見的葡萄牙風向公雞模型，誇張幽默地吹捧了足足五分鐘之久。

主持人嘻皮笑臉背後的敬業精神固然可敬，卻掩藏不了台灣綜藝節目近年的瓶頸，製作預算低，規模小，人才流失嚴重，話題膚淺重複，早已不復當年勇。

在澳門慨嘆台灣電視節目的素質，其實是五十步笑百步——不，大概是五步笑百步。澳門的電視台屈指可數，不似台灣，布袋戲、網路遊戲、觀眾KTV點唱也可以是單獨的電視頻道。澳門電視節目水平低下，然而在華語電視節目選擇上，澳門人卻游刃有餘，不受本土主義牽絆，喝香港電視劇奶水長大，用澳門電視台的新聞拌飯，享受台灣綜藝的眾聲喧鬧，擁抱高端大氣上檔次的大陸選秀節目。

一個地區的綜藝節目的素質，未必能代表城市文化的水平；正如一間茶餐廳雲吞麵的好壞，不能反映粵菜的全部。然而在外地節目中看到自己的城市，或多或少都會產生新的刺激，格外關注。像我喜歡看的美國真人秀《驚險大挑戰》中，來澳門參加奪寶比賽的老美吃盡苦頭，因為計程車司機和路人不諳英語亂指路；《美國超級名模生死鬥》在澳門盧家大屋拍攝時裝照，刺眼的不是模特兒身上爬來爬去的數十條蠶寶寶，而是她們身穿香港著名設計師（注意，不是澳門本土設計師）的時裝對著鏡頭搔首弄姿。城市到底是舊瓶新酒，還是酒水拿不出手，綜藝節目也許騙得了觀眾，但本地人看一眼就心中有數。

看明星跳水、父子旅行、大學生聊八卦……當代電視文化是吃到飽的大餐，我們拿著遙控器在上百個頻道之間轉換，不停吃進破碎的信息，本身已是一種行為藝術。但電視綜藝節目這種「文化零食」，不見得都是壞脾胃的垃圾食品，外國真人秀赤裸裸的弱肉強食，日本《全能住宅大改造》的專業體貼，多少讓人長了見識。台灣綜藝節目的嘻笑怒罵，也曾經是許多澳門上班族的「百憂解」；《天才衝衝衝》中的「瞎拼ＡＢＣ」遊戲，我和台灣朋友們聚會時也玩得不亦樂乎。大眾文化，不見得都是洪水猛獸。

二十一世紀是微故事時代，是個人夢想被文化工業華麗包裝的時代。網路促成碎片化的時空概念，電視廣告講求壓縮短促的故事性，我們渴望在三言兩語中找到真理和慰藉。白天我們是冷漠都市的一塊絕緣體，晚上卻輕易被電視機裡的一個高音、一滴眼淚擊中心靈。

安迪沃荷說過：「未來每個人都有十五分鐘的成名時間。」時裝設計新秀、特效化妝師、業餘廚師、做歌星夢的人，在電視中施展渾身解數，祈求命運自此發熱發光；過氣的伯樂，也在等他的千里馬帶他重返光榮。

當代電視節目的趨勢，是讓人們安坐家中，為別人的努力追夢而感動。它是肥皂和水的混合物，為大衆清洗疲累，吹出千百萬個追夢的泡泡。馬丁．路德金用著名的十多分鐘，講出他的民族夢世界夢，影響後世至今。在綜藝節目鼓吹個人夢、國家機器宣傳家國夢的當下，渴求揚名立萬的草根大衆，還有沒有勇氣追求更有意義的十五分鐘？

二〇一四年七月二十四日

綜藝雜食動物

自小沒有甚麼抽獎運，當志工的籤卻總是非我莫屬，一個完全沒有半點搞笑天分的人抽到當公司「尾牙」的籌備成員，我情願寫一篇五千字的稿來換免役。

尾牙有兩台戲，一是台上表演者，二是台下眾生相。中國人的飯桌上向來有大文化大智慧，推杯換盞之間，企業文化、部門關係、同事圈子、經濟勢頭、政治民生狀況，便如吃到底的盆菜一目了然。尾牙公關不但要擅長搞笑，還要想辦法把公益表演、環保道具、生態永續海鮮消費、同性戀員工攜伴出席、反種族階級性別歧視這些熱門話題變成加料珍饈。

社會越來越多不能亂戳的敏感帶，尾牙也漸漸變成綜藝娛樂話題和花邊新聞的年終總結。過去一年甚麼節目流行，甚麼「神曲」風靡，尾牙都是重溫的好時機。英國人以閒聊天氣聞名，綜藝娛樂對港澳人來說，一直是最保險、最跨世代、又最容易產生共鳴的話題。兩岸三地的綜藝娛樂軟實力，無意中在澳門尾牙節目單上暗暗較勁，大陸的《我是歌手》、香港的《超級無敵獎門人》、台灣的《我猜我猜我猜猜》，全都是澳門「尾牙」公關的靈感來源。

縱觀四地的電視產業，香港實際上是「一台獨大」，台灣早已從三台鼎立變成戰國時代，大陸電視發展一日千里，但抄襲跟風從未止息。澳門是兩岸四地中最提倡娛樂的地方（連賭場也稱為「娛樂場」），近年不斷引入「太陽劇團」、韓國「亂打」等常駐表演，卻諷刺地缺乏本土打造的娛樂節目。澳門沒有媒體亂象，因為水平根本慘不忍睹。

沒有期望就沒有失望，澳門觀眾對各地綜藝節目來者不拒，甚少被本土性的偏見所局限，乃至不輕易嫉妒、自卑、抓狂。台灣電視劇《包青天》、《流星花園》紅遍亞洲的時候，澳門人沒有錯過半分鐘；《康熙來了》、《超級星光大道》，曾經是多少澳門白領下班後的心靈歸宿；大陸的《中國好聲音》、韓國的《Running Man》，澳門人一樣掏心追捧。身處互聯網資訊洪流和本土綜藝荒漠，我們是最奉行物競天擇的娛樂遊牧民族。

創意工業，從來講求的是一個地方開放的胸襟。當香港網民忙著指責香港演員不講粵語講普通話，對在大陸音樂節目走紅的香港歌手冷嘲熱諷，卻不想想香港市場為何不再吸引？近年台灣綜藝的衰落，被歸究為人才流失、市場萎縮、資金比不上大陸，但有沒有想過，反智的娛樂，可能會隨著公民意識和教育水平的上升而被厭棄？大眾關注的嚴肅議題和內容，有可能反過來修正電視製作？

在追求歡笑和激情的綜藝時代，娛樂是一種社交技能，上班族知道，陪笑是他工作的一部分；娛樂也是一種管治技能，因為政府深明機械式的文化餵飼，於社會有莫大的穩定作用；對尾牙公關和電視節目製作者而言，娛樂則是一種求生技能。蛋糕擲臉、踩香蕉皮、男扮女裝這些老哏，早晚會讓人厭惡不已，連一個世紀前的喜劇巨匠查理·卓別林也深明此道，因此才有極具批判力又不失幽默的《摩登時代》、《大獨裁者》這些雋永的作品。面對一群越來越挑剔飢渴的「綜藝雜食動物」，娛樂製造者不想被汰舊換新，便要適時改頭換面、寓教於樂，甚至展示出走在時代前頭的娛樂品味，從盲目取悅觀眾的被動角色改為引領風尚的主動，才不至和想要娛樂至死的大眾同歸於盡。

二〇一五年二月十二日

看電視，看世界

香港著名影視大亨邵逸夫高齡離世，閃過腦海的第一印象不是母校那座逸夫苑，而是陪我成長的香港電視劇集。

看電視，一直被視為負面的娛樂。「青少年應否看電視」是中學英語辯論賽的常用議題，而我總是被安排在贊成那一方。我最喜歡舉的一個例子就是發明愛滋病雞尾酒療法的何大一博士，他接受媒體採訪時說過，他小時候移民到美國，因為當時美國西岸沒有中文的電視節目，因而越來越少機會接觸漢語，所以連漢語都給忘記了。

上世紀九〇年代我參加過不少港澳中學生文化交流活動，最受不了的是香港學生驚呼「澳門原來有彩色電視！」、「原來澳門都可以接收到香港的電視頻道！」。四十五分鐘的船程，一海之隔，我一直搞不清他們是驚嘆自己的文化影響力還是澳門的發展進程。

澳門人口密度雖高，但人口規模仍難以跟大城市大省分相比，本地電視台由政府主導，缺乏競爭也沒甚麼盈利壓力，預算有限，製作的節目了無新意，市民一般收看完本地新聞報導便轉去看香港的電視台。作為「電視汁撈飯」的一代，我大多看英文台的免費電影，因為上一趟電影院價格不菲，每逢周末窩在家中打開電視看電影，便是小時候的我最大的娛樂。

香港的電視劇集曾經有過黃金歲月，質量高，看得人牽腸掛肚，白天去上學恨不得太陽快點下山，可以回家追劇；綜藝節目雖然庸俗，但至少能讓一家人齊齊整整安坐沙發上笑出眼淚來；有時候天線壞了，電視有聲無畫，螢幕盡是雪花，我爸也說，就讓它開著吧，沒有這「背景音樂」吃不下飯……

看電視，早以淪為粗糙的感官刺激，但它其實是可以以深入淺出的方式來滿足觀眾的求知欲——世界在發生著甚麼重要事情？其他地方的人如何生活？科學研究有哪些新突破？如何改造家居或煮好一碟菜心炒牛肉？……我已許久不再有追看粵語電視劇的欲望了，偶爾一看，發現香港人「北進」之進取，在字幕上首先現形，譬如港式「糖水」變成「甜湯」，地道的粵方言也成了普通話書面語。

澳門公共天線問題爭論多時，依法整理的結果，是可接收的外地頻道大幅減少；近年大陸節目強勢崛起，一直有追看大陸或台灣電視節目的觀衆只能自求多福。難怪短短一年間，網路電視頻道接收器迅速打入澳門市場，特別受年輕夫婦熱捧——看電視的人不一定都為了看世界，但在互聯網和資訊爆炸的年代，至少大家都不想自己的世界被別人主宰。

二〇一四年一月十五日

超市狂迷

我是很喜歡逛超市的人，無論日常生活，還是外地旅遊，一有時間就會找藉口到超市蹓躂。超市販賣的不只是必需品，還有世界各地的風土人情，充滿便宜實在的淘寶樂趣——一旦進入超市，我很少空手而回。

如果你只對超市的促銷訊息和貨品的毫毛之差感興趣，那麼翻翻當天的報紙或宣傳單張已是賞心樂事，一本專書的時限性對你則無甚益處。但如果你不單喜歡逛超市，還喜歡收集生活百貨，熱愛旅遊和欣賞好的設計，並對世界各地的文化充滿好奇，森井由佳的《超市迷》（亞洲篇、歐洲篇）想必會為你帶來意外收穫。乍看之下，這兩本小書雖貌似特色旅遊指南和土特產攻略，但其實在挖掘簡潔實用而有特色的貨品之餘，還旁及經營理念、企業形象、管理策略、文化思維、消費習慣等的有趣資訊。

「原來這麼小的東西，可以向你訴說很大的故事。」立體造型師兼雜貨專家森井由佳（Yuka Morii）除了「愛展示」、「愛被讚美」，還有一雙懂得欣賞「少即是多」的慧眼。森井說，這些超市貨「沒有向全世界發放信息，卻不斷地向近處散發强烈的魅力」。也許你不認同她的審美眼光或文化觸覺，但超市的確和本土生活，甚至全球化經濟邏輯互通氣息：泰國人活在當下的享樂精神，反映在現買現賣的購物方式和對色彩的熱愛之中；韓國人的禮貌至上和强烈愛國主義，反映在他們薄利多銷的超市營銷手法和鋪天蓋地的本土產品裡；台灣人對傳統的珍重和對生活的應變力，從他們樸實不華的古早設計和遍地開花的小型便利店裡便略知一二；擁有多民族國家的馬來西亞，連超市貨品都帶有民族性傾向；英國人對創意設計和貴族感的標榜，法國對個人與自由主義的崇尚，德國人對品質和細節的認真，瑞典人對家具耐用性的追求如何影響他們對日用消耗品的看法……

在超市使用手袋儲物櫃對澳門人來説已不算新奇，但如果你幸運地體驗過那種小型超市裡「人盯人」的人肉保安系統，或是有被大陸中資超市那種先開單據付錢、後憑票取件的手續折騰的經驗，看到〈購買文具的正確做法〉一章必定會心微笑。如果不鏽鋼水杯、熱水袋這種很中國的設計對你來説只是便宜貨，那麼「人民大會堂宴會專用牛奶」、「中國乒乓球選手專用巧克力批」此等譁衆取寵的超市貨會否讓你頓時感覺身價百倍？

相比超市指南，介紹六〇年代法國鑰匙圈的專書*Les Porte-cles Bourbon*、世界各國ＩＫＥＡ產品及特色的***IKEA Fan Book***、各地博物館的紀念品採購指南和藥妝店指南，才算得上骨灰級的玩物喪志吧？

雖然作者由始至終都沒有為「超市迷」下一個準確的定義，但絕對不會像電影《私戀失調》（*Punch-Drunk Love*）中那個為了換取飛行哩數而整天到超市買一箱箱即食布丁的男主角。作者眼中的「超市迷」應該就像她本人一樣——樂於親身造訪超市、購買和試驗各式產品，哪管是陳年花露水、薑味紙巾還是罐裝植物牛油。雖然該書主要是為日本讀者提供一次次的獵奇體驗，但作者走馬看花之餘不忘對各地文化作對比思考。從旁觀者之眼看事物，不由得令人重新審視日常生活中被忽略的本土風情。

二〇一〇年七月

當武林變成一種消費品

不勝不負不和？

從廣東移居澳門十多年的文友說，深圳的朋友聚會，不論行業階級出身，飯桌上聊的都是股票樓市，澳門人卻不約而同只談到吃——哪裡有好吃的、這個時節該吃甚麼、食材怎樣做才好吃、下一頓飯約在哪裡吃。英國公投脫歐會否影響葡國護照持有人的利益，敘利亞利亞難民潮的最新情況，統統與我何干？吃喝就是大部分澳門人最關注的世界大事。

有些誇張了吧？的確，澳門人也會聊聊體育，葡萄牙隊爆冷贏了歐國盃，大家也是激動了好幾天，連澳門街上走路的葡國人、土生葡人都樂得掛著笑意，葡國駐港澳領事館更在大門花園豎起了C羅的人形紙板。葡萄牙人近年飽受經濟不景氣的困擾，卻念念不忘大航海時代的光榮歷史，終於靠體育競技一掃「歐豬四國」的頹風。

大型體育比賽總能輕易喚起國家民族的認同感，四年一度的世界杯、奧運尤甚。澳門每年的世界女排大獎賽，凡是有中國隊的賽事，現場觀眾總是敲鑼打鼓搖旗吶喊，為國家隊助威。但踏入里約奧運的八月盛夏，澳門人最津津樂道的，不是競猜中國代表隊將斬獲多少面奧運金牌，又或者香港能否在其他奧運項目做出「零的突破」，而是澳門將迎來首屆武林群英會，重現六十二年前轟動港澳的「吳陳比武」盛況。

一九五四年一月十七日，為賑濟香港九龍石硤尾火災災民，以及為澳門鏡湖慈善會和同善堂籌款，澳門策劃了一場慈善活動，邀請香港太極拳名師吳公儀與澳門白鶴派名師陳克夫，於在澳門新花園泳池比武義演。香港當局怕比武以死收場，不批准在港舉辦，澳門知名人士何賢最終說服澳督史伯泰批辦。

比武當日，港澳兩地賭盤廣開，全城圍坐收音機前收聽現場直播，旅客蜂擁而至，港澳輪船加班，旅館爆滿，小城萬人空巷。「吳陳比武」拳拳到肉，難分難解、血濺舞台之際，何賢出面以「雙方不勝不負不和」終止比賽，如此智慧，傳為佳話。

讓人奮身追隨的流行

近年澳門的美資賭場引入國際拳擊大賽，恰好電影《激戰》在澳門取境拍攝，頓時吹起一股綜合格鬥之風。閒時經過水塘，看到不少穿著華麗拳擊短褲的小子集體練跑，緞面上繡著惡龍猛虎，隨風飄動威風得很。

《葉問》系列電影的大賣，引發港澳地區的武術熱潮，身邊的朋友也紛紛學起詠春洪拳八卦掌來，連小朋友也被《功夫熊貓》的花拳繡腿所迷。如果有一種時尚值得鼓勵，運動，大概是最適宜奮身追隨的流行。

運動在過去兩個世紀，和强國抗敵、民族榮辱緊緊相連，天演論的優勝劣敗邏輯更是推波助瀾。功夫，大概是最有中華民族情結的運動了，比起一般的跑步打球，它承載了太多哲思、家國、宗教，以及數之不盡的民間傳說。

華語武俠片往往是忠孝節義的載體，打還是其次，最突出的往往是正邪、善惡之間，有一清二楚的道德立場，不容許含糊了事，否則就不能稱為俠了。金庸的武俠小說和改編電視劇深深影響一代又一代；港產功夫片更是打了雞血，主角像過動症兒童一樣不斷比武，或是被血氣方剛的敵人（且常常是老外）逼著出手。王家衛的電影《一代宗師》總算吃了鎮靜劑，武戲演起來也像文戲，落難到香港的葉問說：「功夫，兩個字，一橫一豎，錯的倒下，能站著的才對。」不說勝負，但上升到對錯層面。李安頗堪咀嚼的《臥虎藏龍》和侯孝賢充滿人性掙扎的《聶隱娘》，為武俠片中有關輸贏的道德倫理，提出了新的疑問，因而偉大。

中國人的武術格鬥，向來總是先喊一聲「比武切磋，點到即止，免傷和氣」，半世紀以前那場「吳陳比武」生發出「不勝不負不和」的論調，是否有違背「更快更高更强」的體育精神已不重要了，這段歷史已被升格為一種文創商標和旅遊資源，有了「武林大會」和暫駐賭場的「少林寺多媒體武術表演」，商家也自然有了「功夫菜」，以及專為小孩而設的和「功夫熊貓」共享周末早午餐的噱頭。

如果武林群英會是澳門的一個空前嘗試，其重要性不應該是多少名家巨星來澳表演，而是它能否為當代的武術競技樹立新的道德倫理，使中國武術真正鳳凰涅槃成一種現代運動，為這門源遠流長、派系繁多的國術帶來更多可能和提升。

二〇一六年七月三十一日

以小搏大的橫財夢

每逢年底，總是收到一大堆百貨公司、護膚品店、電訊商、超市的郵件、電郵或短訊提醒：「積分快要到期，請換領抽獎機會。」

誰都知道天下沒有白吃的午餐，但對於橫財，我們總心生期盼。這是千古不變的人性。希望在遊樂場用五塊錢夾到洋娃娃，在公司周年晚會中大獎，十元買來的六合彩彩票一擊即中，銀行大堂展示的抽獎名車成為囊中物。

二十一世紀的高度電子化及互聯網化，將工業革命以來對「效率」的頂禮膜拜，推至一個崇尚「以小搏大」的境地——輸入一個程式指令，便完成最複雜的計算作業；按一個鍵，可以發射毀滅世界的核彈。我們太重視「精簡」的能力了。

澳門小，但賭性深厚，比其他城市更明白以小搏大的機遇與力量。即使自詡與賭場或任何賭博形式絕緣之人，對橫財還是有欣然的偏執。人們的低抗拒力，尤其展現在面對購物抽獎（五百元以上的發票，即有機會換取免費雙人東京來回機票！）、投票抽獎（還不趕快去參加報紙的「十大新聞投票」、電視台的「我最喜歡的電視角色」選舉？）、網上有獎問答遊戲（今年是澳門大賽車幾周年？澳門有幾條旅遊路線？）、手機搖一搖搶紅包、手機簽到積分換取刮刮卡機會、甫進機場就被一眾官員握手祝賀成為第三千萬名訪客……管它送的是倣清雍正青花喜鵲紋扁瓶，還是故宮雲錦喜相逢掛畫；是特製包書布紀念雨傘，還是熨了宣傳字句的保温瓶、杯墊、鑰匙扣、人形攬枕，只要不違法，都看作財神爺格外關照。這也是為甚麼澳門每隔幾周，就會有中獎詐騙的新聞。

我自小沒有甚麼抽獎運，暫時得過最貴重的獎品，不過是小時候街坊晚會頭獎的棉被一床，其餘大部分時間不過在緊捏票尾或假裝雲淡風輕。港澳尤其多飛行哩程、信用卡積分換領達人，為兌換禮品機關算盡。以愛浪費聞名的美國人也有他們的小心機，美國的真人秀電視節目，精明主婦為了省錢，在幾百張超市優惠券中埋頭苦幹精打細算，哪怕換來的是一堆幾年也用不完的麵粉或衛生紙。省下來的錢，最後又拿去買彩票碰運氣，終究又是得不償失。

美國電影《內布拉斯加》裡那個頑固老頭子，堅信廣告上的一百萬美元中獎通知，決定從蒙大拿的比靈斯市徒步出發去領獎，最後小兒子不忍心，開車載老爸去內布拉斯加的林肯市領這無望的獎品。這趟公路之旅，渴望落空，換來一頂廉價鴨舌帽而已。真正意外的收穫，是兒子對父親人生的同情和了解，這比一百萬美元來得重要多了。

落魄一生的寂寞老人沉迷橫財，還算情有可原；一座城市的年青人都在沉迷橫財而非創業創新的時候，就不是以小搏大，而是鼠目寸光了。

二〇一五年六月二十六日

輯四

無用之用

澳門文學形象的省思與書寫的突圍

澳門文學位處中國文學史的邊緣位置，那是不爭的事實和長期的困境，諷刺的是那一席之位的獲得，往往不是中原逐鹿的戰績，更多是政治上的特別眷顧。澳門文學甚至成為了「區域文學」中尷尬的缺席者——「台港澳文學」常常被簡化成「台港文學」，或是在厚重的中國當代文學史中被一頁帶過。對於澳門文學發展的憂慮，詩人韓牧作出「建立澳門文學的形象」的呼籲，距今已三十載，但當人們談論兩岸四地華文創作的時候，澳門文學依然面目模糊。要馬上說出三個澳門作家及作品的名字？對台灣讀者可能是一項艱巨的挑戰。

澳門文學，近乎是一座被眾人遺忘，靜靜被時間吞食的吳哥古蹟。

當我們談論澳門文學時，我們在談論甚麼？

回歸十六年，隨著賭權開放及大陸旅客自由行的實施，澳門由一個經濟低迷的小城，GDP一躍而成世界第四。但澳門以博彩旅遊為命脈的經濟結構，並未能真正提升城市的國際影響力及文化話語權，許多外地人對澳門聞所未聞，或對它只有賭城的印象。近年政府雖然積極宣傳「澳門世界文化遺產歷史城區」，鼓勵文化創意產業的發展，加強對本土文學出版的扶持，增加各種本土文藝作品對外宣傳的機會，但文化軟實力仍然難以和中港台同日而語。

在這樣的背景下細數澳門文學有甚麼足以鶴立雞群，本質上是自賣自誇的行為。那為何還要談論澳門文學？在我看來，澳門文學的特別之處，不是提供一個邊緣的位置去反觀中國文學史這個中心；也無法提供一個制高點，勾勒出華文文學的地形圖；它是一個多元文化沖積而成的三角洲——我們立足其上，得以清楚看見中港台文學的風向水流，如何碰撞、滙總、融合，沉澱出肥沃的創作土壤。

所以當我們談論澳門文學的時候，必須考慮到華文文學的流動性和跨域性。以新詩為例，三四〇年代大陸的抗日及左翼文學，五六〇年代的台灣現代主義思潮，七八〇年代大陸的朦朧詩派，乃至八九〇年代的台灣後現代主義詩潮等，對澳門的詩歌都留下不同程度的烙印。而礙於狹隘的發表環境，澳門文學中大量的離岸文學（泛指澳門作家在外地發表出版的作品，以中港台及東南亞地區居多），也是兩岸四地中較為特殊的集體行為。以詩歌為例，諸如三〇及四〇年代的德亢、蔚蔭、魏奉盤、飄零客，五〇年代的李丹、韓牧、華玲，六〇及七〇年代的汪浩瀚、江思揚，八〇及九〇年代的陶里、葦鳴、凌鈍、懿靈、玉文、黃文輝、林玉鳳、姚風，以及千禧年以後，賀綾聲、盧傑樺等青年詩人的冒起，他們的作品折射了時代的氛圍和文學的發展變化，見證了殖民與後殖民時代複雜的文化狀況，與當時的歷史進程及價值觀的變化息息相關，澳門文學因此具有不容否定的獨特性。加上大量南來詩人和東南亞華僑作家因緣際會來到澳門聚居，在語言、思想、文化風俗等方面，經歷長期的文化碰撞，形成特殊的多元文化生態和文學內涵，和東南亞其他國家的華文文學，乃至中港台文學有相近也有相異之處，澳門文學因此可以為世界華文文學的發展提供一個複雜多元、兼容並蓄的參照。

澳門文學的另一個獨特之處，是純文學在賭城這個人性試煉場達至極致。稿費低、零版稅、義務演講、圖書市場小（印量三百本是常見之事）、缺乏發行通路，讓全職寫作變成天方夜譚；但正因為沒有銷售壓力，更上以個人或社團名義向政府申請資助的獨立出版十分盛行，言論相對自由，澳門作家有絕佳的條件和視角，用最不考慮市場的純文學方式，觸及華文作家較少關注的主題或禁忌——諸如混血兒及回歸後的身分認同，賭博及娼妓文化的描寫，以及全球化下畸形的都市化進程等（如拉斯維加斯式的模仿與複製）。

魯迅在一九三四年的〈致陳煙橋〉說過：「現在的文學也一樣，有地方色彩的，倒容易成為世界的，即為別國所注意。」有四百年歷史的澳門文學，何以花了三十多年還沒有建立起來所謂的「形象」？澳門作家是否都去寫博彩文學就能突圍而出？也許我們應該反過來問，香港文學、台灣文學的形象又是甚麼？是都市文學？鄉土寫實？同志文學？不難發現，健康的文學環境，應該鼓勵百花齊放，多元發展。

本土寫實，長期以來都是澳門文學的主要發展方向，尤其近年澳門作者開始經營外地市場，作品面對外地讀者，刻意而為、地標式的本土書寫大量出現，風景線有了，卻並沒有觸及這個地方的文化內核。澳門作家在書寫澳門的時候，很容易陷入「越是本土的，越是世界的」迷沼，說到這裡，就回到文學的價值這個關鍵。如果文學不追求深度，哪麼文學作品和政府旅遊局三十秒的宣傳廣告片又有甚麼兩樣呢？

書寫的突圍

儘管澳門文學有上述的文化積累和匯合優勢，但它所面對的困難更為嚴峻——底氣不足、人才外流、出版及圖書市場不成熟、對外推廣缺乏，澳門高等學府不把「澳門文學」列為一門課程，文學評論極度欠缺等，都是導致本土文學發展原地踏步的綜合因素。

台港澳文學作為區域文學，在華文文學圈面對的更多是影響力的問題。澳門文學當下最急需的，不是搶佔華文文學史的位置，不是迎合數量龐大的華文讀者的口味，以便打入大中華市場。文學是面對時間浪濤沖刷的志業，對先天不足的澳門文學而言，在華文出版市場中突圍的可能，不是異國情調的打造及和諧社會的書寫，而是在於作家能否深刻地把人性變成本土性，並由此引起普世的共鳴。一個大三巴造型的可愛杏仁餅，可能會引起顧客一時的好奇；但讓人難忘，願意回頭一吃再吃的，永遠是那些真正實在、足料的杏仁餅。

所以澳門文學發展的關鍵，還是作者自身——缺乏好奇心、企圖心和文學跨域傳播的視野，在藝術追求上缺乏工匠精神。過去作者們經常抱怨政府對文學的宣傳推廣放任無為，導致澳門文學「走不出去」；隨著近年賭彩收益增加，文化資源豐沛，宣傳增加，對外活動頻繁，作者們又抱怨常常跑通告、辦講座佔去了寶貴的業餘創作時間。內涵品質和宣傳推廣同樣重要，澳門文學要健康發展，走得更遠，必須學會用兩條腿走路。

在自媒體時代，網路充滿了膚淺的標題黨，和狗屁不通的心靈雞湯。文字的跨域傳播已不是一個無法克服的技術困難，影響的廣度可以靠聳人聽聞輕易獲得，然而創作的深度，最終決定作品的持久度。在這樣一個沒有當代文化話語權的地方，作家如果能帶上廣角的視野，在這個肥沃的文學三角洲做厚積薄發的創作；學者對澳門文學研究不再置若罔聞、置身事外；政府和業界努力打造平台和通路，那麼澳門文學的所謂「形象」，終有一天會浮出水面，被世人所重視。

二〇一六年四月一日

三十平方公里的喧囂

文學聚會上，外地作家經常問我，如果只能反覆書寫一個三十平方公里的小地方，到底要怎樣挖掘有意思的故事。

是的，三十平方公里在某些人眼裡，可能和宜家家居的陳列室大小沒啥差別；但「三十平方公里」加上「五十萬人口」加上「千億稅收」的條件，對作家來說，這地方就不缺千奇百怪的寫作材料。

我經常聽到的論調是，文學已經落伍，以醜為美的現代詩不合時宜。彷彿詩意本該是一件不經大腦的存在，是一種純視覺的唯美享受。好像詩人或作家的責任，只是把一杯咖啡的色香味，用一個動詞概括；或把一座大樓的壯麗外觀，用最貼切的形容詞描述。深究咖啡產業和公平貿易的關係，或提及蓋房子的農民工黑工被騙薪的遭遇，是一件多麼破壞「詩意」的行為。如同認定作家要描述歐陸風情的澳門，就應該集中呈現它的靜默街道和風花雪月，迴避賭場內外的貪婪人性。因為許多人眼中，文學的作用不是外部的交流，僅僅是內在的觀照。

澳門文學的自娛自樂、自說自話乃至自生自滅，也許不符合中國國家領導人在文藝座談會上所述，文藝要「跟上時代發展、把握人民需求，以充沛的激情、生動的筆觸、感人的形象創作生產出人民喜聞樂見的優秀作品，讓人民精神文化生活不斷邁上新台階」。近年澳門文學創作的困境，不是把握不住當權者的指令和市場的需求，而是在文化創意產業的金光之下，想方設法在技藝上吸引眼球，卻不敢做出顛覆乃至冒犯讀者固有價值觀的嘗試。

我一直覺得創作者，尤其是詩人的角色，是對大家習以為常的定論提出疑問，而不是提供一個直截了當的答案。因為在多元文化不斷碰撞的當下，答案是需要每個人自己去尋找的，所有文化交流的最終目標都不是只為了達成共識，而是在討價還價的過程中，更了解自己和他人的差異性，從而尊重彼此的文化選擇。「多元文化」這個詞，包含的是國家與國家、地區與地區、全球化與本土的複雜關係，是你中有我，我中有你的相看儼然。

如果澳門作家只是沾沾自喜於城市四百多年的中西文化交流的歷史光環，卻不思索二十一世紀澳門所面對的多元文化的複雜性，譬如美國賭場文化的引入、外傭對澳門家庭的影響等觸目所及的社會議題，會是多麼辜負了這個「大時代」給予的機遇。澳門小說家李宇樑的《上帝之眼》、鄧曉炯的《迷魂》等，相當精彩地展示了作家如何在三十多平方公里的狹小生活空間，利用生猛的都市現實和厚重的歷史題材，呈現出與衆不同的澳門。

到台灣的獨立書店淘書，成了近年許多港澳文藝青年到台灣旅遊的指定動作。當台灣朋友反問我，澳門有甚麼獨一無二的伴手禮？我都會說，每一本澳門文學作品，雖然不是靜寂如詩的歐洲明信片，但都含有三十平方公里的喧囂和世俗煙火，比甚麼花生糖老婆餅有意思多了。

二〇一四年十一月六日

文學的跨域築夢

聞一多那首〈七子之歌〉的組詩，曾經在澳門回歸那年唱至街知巷聞，一句「你可知Macau不是我真姓」，寫出多少「亞細亞孤兒」的心聲。

澳門文學因為特殊的政治因素，即使內容相對單薄，卻無論如何也能在大部分大陸的文學史書寫中曇花一現，以確保這些「曾經失散的子女」在文化待遇上不會感到被冷落。然而貪心如我，仍然介懷中國文學史中有關澳門文學篇幅的長短，仍介意許多高校僅僅將澳門文學置於「港澳台文學」的範疇中輕率帶過，而無法像「台灣文學」或「香港文學」那樣成為獨立的課程乃至系所。與台灣强烈的本土意識相比，真正讓人擔憂的，是澳門文學長期處於「存而不論」的狀態，即是在澳門本土，相關的文學研究及評論仍非常欠缺。

對於一個歷史不算久遠、人口只有幾十萬的小城市來說，追求文學史的厚度，還不如追求它的廣度。澳門作為一個華洋混雜的城市，文化上很早就開始有跨域的視野，慢慢形成自成一格的混血美學。以文學為例，在澳門作家的文學啓蒙與養成教育中，大陸、香港和台灣作家的作品對他們有很大的借鑑作用，澳門文學在上世紀三〇年代至七〇年代，深受大陸左派文學影響；進入八九〇年代，香港的金庸，台灣的余光中、瓊瑤、三毛等人的創作，都是許多當代澳門作家的文學養分。

直到今天，儘管兩岸四地文化商品的跨域傳播越來越頻繁，澳門文學與中港台三地的交流依然處於一種「單向輸出的不對等關係」，亦即澳門幾乎沒有對其他地區的文學造成影響，澳門人更慢慢形成明顯的排外心理，對文學獎、文學刊物的參加標準設限，害怕外地作家蠶食本來就十分有限的文學資源。

反觀台灣，即便面對經濟不景氣，出版市場疲弱，但依然敢於將許多文學獎、雜誌版面、出版機會開放給全球華文作家競爭。台灣人民一向具有「愛拚才會贏」的冒險精神，活在這樣一個貿易島的人也明白，想要提升「文化軟實力」，為築建廿一世紀的文學夢開一條活路，就必須先從在地開始，繼而展望兩岸、東亞乃至全世界，讓全球人才在此頭角崢嶸，方能激發地區的潛能和生命力。

比起聞一多筆下那個失去身分的孤兒Macau，我更喜歡澳門詩人懿靈的〈Macao, Macau〉，她在詩中寫道：「究竟愛還不足夠平分開去／還是愛只夠讓人看見自己。」未來的澳門文學，想要靠自己的文化實力，而不是靠政治眷顧的優勢在大中華立足，就不應怨天尤人，而是不斷自我詰問。

文學不應是迎合他者的產物，也無須依靠他者的命名來獲得肯定。忠於自己的根和夢，在文化跨域交流的過程中，勇於發聲和聆聽，追求真正平等的對話，才是文學的普世價值。唯有如此，即便是一座島嶼、一座小城，也可以寫出在地的世界性，才可以在全球化的當下保持海納百川的視野，在華文文學版圖中認清自身的位置。

二〇一四年八月七日

當「家國想像」成為日常

作為一個生於回歸過渡期、在澳門長大、在北京和加拿大求學的創作者，我最常處理的命題之一就是「家國想像」。後來我發現許多澳門詩人都有意無意地用不同的切入方式，或輕或重地處理著同樣的議題，又或者說，「家國想像」就是澳門作家日常生活的一大部分，譬如大陸自由行旅客的身影、賭場度假村裡的簡體字標示、普通話的日漸普及、新聞廣播的國歌宣傳片等等。

以至每當我們在文學寫作中使用「祖國」這個單詞，已經是一個巨大的想像過程。繼而在書寫策略上，澳門作家即使不抱著進入大陸市場的野心，也不得不面對本土性和民族性內容的角力，大至書寫題材和模式（本土尋根），細至如何選取詞彙、語法去表達澳門自身的時候（如「番茄、西紅柿」等帶地域色彩的表述），也變成一種回歸後的寫作挑戰。

如果要數算澳門文學在中國文學版圖中的貢獻，「家國想像」的書寫大概是其中之一。澳門由於特定的政治和文化地理條件，在不同的時代，都會吸引一批又一批來自不同地域的文學家來圖謀發展，從大陸移居澳門的作家詩人，或從東南亞來澳定居的華僑作家（譬如胡曉風、廖子馨、玉文等），更是當代澳門文學的重要組成。站在澳門這個南方一隅回望神州，反而讓澳門的詩人作家對民族的理解更全面、深刻、冷靜，並透過對本土風物和大陸故鄉的種種對比、描寫、憶述，為澳門文學加添內容和時空上的深度。

那麼在新媒體環境下，「家國想像」對當代的澳門詩人來說又意味著甚麼？

和許多經歷殖民統治的人民相似，澳門詩人也面對著身分認同的問題，也常常面臨不愛國或迷戀殖民者的指責或自我審查。好比〈七子之歌〉所描述的，我們有時候連自己姓甚麼歸屬何處似乎都不能好好說清楚。反映在文學書寫上，就是身分困惑的焦慮如幽靈般反覆出現。文學，正是透過這樣一種充滿渴望、猜疑、辯證、誤讀、反省、想像的過程，對個人身分和「家國」的概念，建構出一種更具時代性的理解。

澳門自八〇年代起至今，面對政權移交、經濟劇變和珠澳融合，澳門作家的「家國想像」也因此被激發，諸如廖子馨的《奧戈》、懿靈的《流動島》，都是本土尋根和思考身分認同的優秀作品。可惜的是，近年澳門作家面對社會的高速變化，大多落入懷舊的敘事模式，普遍充斥著對舊事物消逝的感嘆，卻無意進行從個人史梳理本土史的大敘事，以致澳門當代本土書寫的深度、厚度和廣度上，乃無法和大陸的「尋根文學」、「鄉土書寫」、「打工／鄉愁文學」，乃至台灣近年的「家族史」書寫熱潮，以及香港的代際書寫分庭抗禮。

澳門本土書寫的內容也往往局限於對往昔「舊澳門」的懷念，而這個「舊澳門」又偏偏是「七○至九○年的殖民地澳門」，在抒情和敘述上小心翼翼、諸多掣肘，刻意迴避可能有的「迷戀殖民者」的曖昧；與此同時，面對和大陸在文化、語言、經濟上的全方位高速融合，本土性原先所擁有的主導地位慢慢消失，許多土生土長的澳門人，因此萌生出一種「文化淪陷」的悲情。如同韓國詩人高銀的詩〈某天獨白〉所言：「不知何時才能盼到／可以不愛祖國的那一天／我所渴望的／不是祖國／而是可以不愛祖國的那份自由」，具有創意、多樣性和真正自由的「家國想像」，容許作家成為精神上的無國籍者，充分表達他們在這個過渡時間的彷徨和渴望，才有可能解決澳門作家在創作時面對的道德上的兩難。

在新媒體環境下，各地文化和資訊高速碰撞，作品傳播方式改變，電子書和網上社交平台，為一直苦於沒有甚麼本地圖書市場可言的澳門作家，開啓了一扇面對全球華人讀者的大門。商品全球化和互聯網等新媒體的出現，無疑為澳門文學的傳播提供了發展的契機，讓澳門作家在題材、內容、語言、風格上各自發揮，繼而轉化成八仙過海的書寫局面。然而如何讓澳門文學在本土和跨域傳播中受到重視？我們該怎樣把握因特殊政治待遇和經濟影響力而來的目光？並迎接可能因珠三角融合而消失的文化優勢？當大陸、香港、台灣乃至海外華僑作家，都在以不同形式探索「家國書寫」的可能性時，澳門作家如何擺脱既定的文化論述或抒情方式，忠於自己忠於現實，寫出澳門獨一無二的真實故事？這都是許多澳門作家在思考的課題。而更多樣、更自由的「家國想像」，才有可能為當代的澳門本土書寫提供新的出路。

二〇一五年十月

求同存異——從澳門看「想像的共同體」

自十六世紀中葉以來，澳門一直是中西文化碰撞的試驗場。努力求同存異的結果，促成澳門在歷史上的許多第一，諸如中國第一份外文報紙（《蜜蜂華報》）、翻譯及出版《聖經》第一個中譯版、建立中國第一所使用西方金屬製版和印刷拉丁文字的印刷廠（聖保祿學院附屬印刷所）、成立中國歷史上第一個具有現代意義的出版社（美華書館）等。此外，國父孫中山參與辦報、葡人飛能第出版的《鏡海叢報》，以及維新變法失敗後，康有為和梁啓超在澳門創辦的《知新報》等，都是現代報業中具有重要意義的報紙之一。

美國學者安德森（Benedict Anderson）在二十世紀末提出「想像的共同體」（Imagined Communities）這個著名的民族學概念，他認為，「民族」本質上是一種現代的想像形式（他所指的「民族」更多是現代西方民族國家體系），而十八世紀小說、報紙、印刷資本主義等的誕生，則為「民族」這個「想像的共同體」提供了技術手段。印刷資本主義使得越來越多人得以用深刻而新穎的方式進行思考，並將自身與他人關聯起來，從而形成一種榮辱與共的團結性。在這個意義上，十八及十九世紀在澳門盛行的印刷資本主義，既使澳門成為「西學東漸」及「中學西傳」的關鍵平台，與此同時，在傳播新的文化思想及建構現代中華民族概念的層面上，澳門的地位更是不可低估。

生於二十世紀八〇年代的我，無法親歷澳門作為文化橋頭堡那段光榮歲月；但我至少見證了「民族主義」在回歸過渡期及後殖民時期的傳播及操作模式，以及各界為重奪話語權而採取的文化手段。

澳門回歸前後那幾年，民間湧現了許多諸如「中國文化達標工程」這類「認識國情」的活動。所謂文化「達標」，本質上只是一個証書考試，講求背誦能力，諸如中國的「五岳」、「四書五經」是指哪些、中國朝代的順序等等。也就是說，只需要把那本一百多頁超濃縮版的《中國文化知識彙編》給背下來就可以了。那時候我正在澳門念中學，我的國文老師知道有這樣一個和「國學」沾一點兒邊的考試，不但建議我去考，堅持幫忙出考試費，還在送給我的考試材料上題字鼓勵，頗有古時送盤川助寒士考科舉的意思。我最後考到全澳學生組第三名，被安排去參觀北京的人民大會堂。

然而那些填鴨式的中國文化知識很快就全忘了。

現在回頭看這樣一個「考科舉」的經歷，反而讓我看到澳門人對於回歸的憂慮——一種文化接軌的憂慮，一種必須全盤急起直追的憂慮，無論是語言（從粵語轉成普通話教學）、中國歷史文化的認知、中國當代國情的掌握等，澳門人都急於印證自己在文化及思想上已經「達標」，已準備好重回祖國的大家庭，並願意盡一切努力，證明自己的文化基礎足以成為中華民族這個「想像的共同體」的一分子。

以文學教育為例，澳門一直採用中港台混合教材，既迴避英國或葡萄牙文學，對中國文學的概念不見得都是從《詩經》、《楚辭》一路講下來，有時是突兀的從背誦唐詩開始，拉雜之下講到五四文學便結束。然而在這樣一個破碎的、混雜的、非線性的文學史概念中，澳門人努力拼湊出中國文化精神的面貌——它既是《詩經．碩鼠》的反抗意識、屈原〈離騷〉的殉國意志、李白〈將進酒〉的遊俠精神、《三國演義》的忠孝節義、魯迅〈阿Q正傳〉可悲的國民性、朱自清〈背影〉中含蓄內斂的情感……這些吉光片羽比起所謂「文化知識工程」，讓我們對「中國人」和「中國文化」的概念有更生動的理解和深刻的省思。

可是，殖民時期長期迴避對本土文學及歷史進行梳理的情況，在回歸後並沒有突破性的改變，取而代之的，是本土論述被中華文化的「大歷史」及「主流文學史」所掩蓋，這樣既無助澳門人了解本土歷史和文學的進程，也不知道澳門文化的何去何從。文化回溯不能迴避本土書寫的重要性，本土文化價值也從來不是官方所說的一句「中西文化和諧」可以概括成形。

在後殖民語境和國際媒體聚焦下，在渴望國際化及去殖的夾縫中，澳門人默默接受中澳融合所帶來的變化，民間卻缺乏對本土主義和身分認同問題的討論和反思。家、國、世界作為多層次但一體的概念，越清晰的資訊，越有助形成有效的「想像的共同體」——若只知歐洲及中國的山脈，卻對澳門的土地漠不關心，我們怎樣在急速的全球化中找到安身立命的所在？單以浩瀚巨大的中華文化為經緯，卻不知本土文化的座標，我們又將如何在二十一世紀的瞬息萬變中，尋覓具創造性的文化和家國想像？

澳門的歷史榮光延續至二十一世紀，繼續以數字震撼全球，經濟數據舉世矚目，然而它的當代文化創造乏善可陳，在文化傳播上也失去了它作為中西文化中介的影響力。一夜暴富的澳門，越來越需要一個除「世界旅遊休閒城市」之外的文化位置；在財力越大的同時，更應主動為兩岸四地的文化事業，作出更大且更具前瞻性的貢獻。

作為一個將三十而立的澳門青年，我深刻感受到港澳台三地年輕人現時面臨的最大困境，是對「我們是誰？我們從哪裡來？我們往哪裡去？」的反思和討論遠遠不足。單靠灌輸傳統文化的硬知識，永遠無法有效解決身分認同的問題，更遑論在民族精神與理想人格、社會秩序和程序正義、自由與規範的關係上，找到泰然的立足點，以及當代中華文明進程的發展路向。

當代青年若要「為天地立心，為生民立命，為往聖繼絕學，為萬世開太平」，必先了解「求同存異」的重要性。在深刻認識民族的文化底蘊和歷史真實的同時，也要了解本土文化歷史，以及尊重地域語言文化差異的根本事實。在急劇全球化、後殖民語境、以及互聯網日漸取代印刷資本主義的當下，「求同存異」不再只是中西文化碰撞時期的處世法則，也是建立當代中華文化「想像共同體」的關鍵。

二〇一四年七月

獨立出版，獨立於甚麼？

早前在廣州書墟做了兩場對談，內容皆與澳門近年的獨立出版狀況相關，在各個創作人的二手書攤上看見不少大陸的獨立出版物和Zine，全都內容新穎，裝幀精巧，讓小小的書墟充滿淘寶的樂趣。

「獨立出版」，或所謂「小衆出版」，本質上是指以一種自由、獨立的創作態度和精神面貌出現於主流出版媒體之外，它們大多由作者或少數人出資，出版內容常常以創作者個人或小衆喜好（而非大衆讀者口味）為主，有意識地關注某些非主流的議題或出版類型，且自行負責編輯、排版等出版流程，並每每以低成本、限量甚至手工形式印刷，經常以獨立書店、互聯網等為主要銷售平台小範圍發行。

因為國情或出版業發展狀況的差異，「獨立出版」在兩岸四地所要「獨立於」的對象也不盡相同。大陸的獨立出版物的內容相對自主，沒有書號，也不走新華書店的發行渠道，意味著它是「獨立」於體制外（公開銷售不合法），它在出版操作上的「獨立性」更具革命意味。如大陸「副本製作」的馮俊華所說，這些出版物（他個人稱之為「小出版」）是在新的印刷（如按需印刷）、傳播技術（如網路購物）的支持下，對多樣的文化呼聲的一種有效回應，特點是輕盈迅速、化整為零、地方包圍中央。

港台的獨立出版物，則是相對於一般大型出版社的操作模式、資源和出品種類而言，這些出版物雖不乏政府補助，但更強調「非主流」的獨立精神和姿態。其文化意義，既是對現有體制或主流的突圍，本質上更是「一場精神向度精緻化的運動——用油墨與紙張默默負載意識的運動」（劉美兒、袁兆昌語）。

澳門的「獨立出版」，則是由來已久，文人或社團自行印刷幾百冊無需考慮市場的書籍以供饋贈，早已是「傳統」，一是因為澳門出書真的太容易，二是澳門出版業不發達及圖書市場細小，在操作上可以說是與「獨立出版」自主、小眾、少量印刷的出版模式不謀而合。換句話說，澳門的「獨立出版」其實是在未成形的圖書市場中自求多福的折衷行為，而不像是台灣的「獨立出版」，試圖在成熟的圖書市場中另闢蹊徑。

從官方數字可見，澳門每年二三百種的書刊大部分以政府、大學出版物為主，以二〇〇一年為例，該年度已加入國際標準書號系統的二一六種新增出版物中，單是政府出版物已佔百分之三十三。此外，以個人名義出版的「獨立出版物」也佔相當大的比例，如截至二〇〇九年底，已加入國際標準書號系統的出版機構累計總數有四百六十三個，其中以個人名義登記出版的已佔兩成。若算上近年因文創風潮而興起的「一人出版社」或小型文人社團的出版物，「獨立出版」的操作模式在澳門出版業其實並不邊緣。

澳門雖有較大的出版自由、政府補助、鋪貨容易、沒有正規的主流商業機構壟斷或出版物政治審查等相對有利於獨立出版的優勢，但對於現時華文圈的「獨立出版」對多元化、精緻化、獨立精神的追求和呼喚，澳門許多獨立出版製作尚停留於「依賴政府資助」、「小圈子分享餽贈」的思維，在質量追求和宣傳推廣方面仍有待提升。若能突破這些不合時宜的思維方式，推動更多跨地域的聯合出版合作，打通港台兩地的發行通路，甚至利用電子書電子雜誌這些新媒介，假以時日，澳門的獨立出版絕對有能力與既有的出版模式分庭抗禮，甚至成為華文地區的獨立出版物孵化基地。

二〇一二年十二月七日

沒有鎂光燈，就在霓虹燈下特立獨行——我眼中的澳門文學創作環境

「澳門文學史，聽起來就像淡水文學史，那麼小的地方有甚麼好說？」台灣籍的中文系同窗放肆地說，真是不給面子。但我在許多場合表明自己身為澳門作家的身分，繼而從各式各樣外地文友的尷尬表情和突兀沉默中，看到了這個意思。

每當討論起澳門文學，不要說外地人，就是澳門本地人也不知道澳門文學該從何談起，也不熟悉澳門有甚麼作家、流派或作品。澳門文學平日不在大眾的閱讀視野中，往往只是在某段時期因為特殊的政治或經濟因素，才受到外地讀者或學界的短暫關注。譬如一九九九年澳門回歸前後，就是澳門文學發展的一次機遇，當時許多澳門文學作品以叢書形式在大陸出版，同時湧現了許多關於澳門文學史的討論和研究。進入千禧年以後，澳門文學的熱潮退了下來，直至近年，澳門因為經濟發展非常亮麗，不少人希望透過閱讀澳門文學作品，了解澳門的最近發展。但這種突如其來的聚焦，並未能為澳門的文學環境帶來建設性的改變。

澳門的文學創作環境相對於中港台三地，可算是自由而狹隘的。缺乏專業出版人員、沒有規模可言的出版業及圖書市場，澳門文學界普遍存在一種自娛自樂的氛圍。放任無為的藝文環境，換來幾乎清一色的純文學寫作；缺乏利益誘因的情況下，創作動機相當純粹，獨立出版盛行。在澳門作家的作品中，甚少看到市場導向的寫作策略，在幾乎不考慮讀者、編者、學者乃至評論者意見的過程中，個性化寫作達到一個令人羨慕的極致。沒有市場淘汰機制、不顧慮點擊率、缺乏討論，澳門作家各自修煉，甚少旗幟鮮明的流派主張，罕聞劍拔弩張的文學論戰。

作家在澳門市民眼中，不是一個正當職業，甚至不是一個身分，根本稱不上有甚麼特殊的社會地位。我所認識的許多澳門文友，即使寫作多年，出版過好些集子，也很少自稱為作家或詩人，往往謙稱「文字工作者」或「寫作人」，而且大多使用筆名創作。但他們不全然是卡夫卡式的低調平淡，也會把競逐兩年一度的澳門文學獎或中篇小說徵稿看成人生大事，利用互聯網把作品廣傳天下，守著同一個六百字的本土報刊專欄一寫十幾年，把政府資助、社團牽頭、印數五百本、送贈為主的作品結集，當成隨意派發的名片。

政權回歸及城市翻天覆地的變化，刺激了澳門文學創作的數量，開拓了澳門文學創作的一大主題：消失。八九〇年代的澳門文學，題材、風格多樣；回歸以來，代際和派別相對模糊，創作題材卻有驚人的相似性，「消失」基本上是澳門文學作品的一個母題，這種「在地的鄉愁」和城市化關係緊密，然而懷念的對象並非籍貫相關的「真實故鄉」（如祖父輩聚居的廣東鄉村地區），許多身為移民第一代或第二代的澳門作家，甚至不把澳門視為和身分認同有關的、真正的「精神故鄉」——這種「鄉愁」的指涉對象更多是八九〇年代那個散漫閒適的澳門。與之對比的，往往是賭博與財富帶來的改變、關於人事物的缺失（譬如老店鋪的生存危機、富裕生活帶來的感情背叛、獲取經濟成果付出的環境代價、社會價值觀的變化導致人情味丟失等）。書寫消逝中的澳門景物，成了澳門散文創作的大宗（如林中英的散文）；對博彩文化和暴富城市磨蝕人性的描寫，則成了澳門小說的集體奇觀（可見諸李宇樑、李爾、寂然、清水河、許均銓等人的小說）。澳門作家對「消失」的書寫，既呼應了近年澳門民間濃厚的懷舊情緒，也是一種本土意識的表現；然而這種寫作的自覺往往因為人情緊密、公民社會未成熟及報刊自我審查，對政治及社會根本問題抱著迴避態度，多半流於不痛不癢的冷嘲或淺白的傷感，少見擲地有聲的批判。

澳門文學刊物屈指可數，文學作品主要發表在為數不多的兩三份報紙副刊及文學雜誌，但由於版面篇幅所限，不再刊登連載小說，散文作品介乎於五百至二千字間，新詩以短詩為主、句子簡短、斷行頻密（稿費多以行數計算），大型的本土文學獎也進一步為作者提供了動力，以及創作長詩及中篇小說的契機。如前面所述，澳門沒有所謂的「專業或全職作家」，作者無法單靠寫作維生，也不似香港台灣的作家能在大學兼教創意寫作，或經常從事有報酬的演講或文學活動策劃工作。跨文類創作的情況相當普遍，許多人身兼散文、小說、新詩、舊詩詞乃至劇作者等多重身分。業餘文學創作，和稿費偏低、發表渠道少、閱讀氛圍淡、出版業不發達、政府及教育界長期對本土文學推廣不足等密切相關。

以業餘時間進行文學創作，不代表創作出來的文學都是業餘的。身為翻譯員的葡萄牙詩人佩索亞，下了班就在里斯本那幾條小得可憐的街道一邊閒逛，一邊寫下「整個宇宙在我這裡重建」（《菸草店》）的懾人詩句。澳門作家的創作路，沒有閃亮耀目的鎂光燈，只有聲色犬馬的霓虹燈；未至於衣錦夜行，但許多人堅持在沒有市場及讀者的環境中特立獨行。

在澳門這個「自由的籠子」裡，作者或孤芳自賞，或妄自菲薄，或怨天尤人，或獨善其身，皆無可厚非，但陸地面積不應成為原地踏步、不思進取的藉口。澳門的地理面積，作者無法改變；藝文政策和市場發展，也不見得能輕易被詩人左右；但澳門的文學創作空間，遠遠不止物理意義上的三十平方公里——那麼小的地方那麼多的人口，這裡可能是作家詩人密度最高的地方，也可能是不受市場緊箍咒束縛的荒原或理想國。

二〇一五年六月

當代名家・袁紹珊作品集1

喧鬧的島嶼——台港澳三地文化隨筆

2018年4月初版　定價：新臺幣330元

著者	袁紹珊
編輯主任	陳逸華
叢書編輯	黃榮慶
彩頁圖片	袁紹珊
封面設計	陳佩琦
內頁排版	苗銀川

出版者	聯經出版事業股份有限公司
地址	新北市汐止區大同路一段369號1樓
編輯部地址	新北市汐止區大同路一段369號1樓
叢書編輯電話	(02)86925588轉5307
台北聯經書房	台北市新生南路三段94號
電話	(02)23620308
台中分公司	台中市北區崇德路一段198號
暨門市電話	(04)22312023
台中電子信箱	e-mail：linking2@ms42.hinet.net
郵政劃撥	帳戶第0100559-3號
郵撥電話	(02)23620308
印刷者	世和印製企業有限公司
總經銷	聯合發行股份有限公司
發行所	新北市新店區寶橋路235巷6弄6號2樓
電話	(02)29178022

總編輯	胡金倫
總經理	陳芝宇
社長	羅國俊
發行人	林載爵

行政院新聞局出版事業登記證局版臺業字第0130號

本書如有缺頁，破損，倒裝請寄回台北聯經書房更換。　ISBN 978-957-08-5084-0 (平裝)
電子信箱：linking@udngroup.com

國家圖書館出版品預行編目資料

喧鬧的島嶼——台港澳三地文化隨筆/袁紹珊著．
初版．新北市．聯經．2018年4月（民107年）．288面．
13×21公分（當代名家・袁紹珊作品集1）
ISBN 978-957-08-5084-0（平裝）

1.文化評論 2.文集

541.2607 107001660